항공 예약

TOPAS SellConnect Reservation

이선미 저

NCS 학습모듈을 기반으로 한

예약수배업무

NCS에서 요구하는 직무능력 완성을 위한 교육용으로 제작

(주)백산출판사

| 머리말 |

본서는 해외여행의 가장 기본이 되는 교통수단인 항공 업무를 위해 사용하는 세계적 GDS(Global Distribution System) 중 Amadeus에 Migration된 Topas SellConnect를 사용하여 항공예약을 할 수 있도록 구성되었습니다.

전체적인 구성은 GDS를 활용한 예약 실무지식을 활용하여 현장에서 예약수배업무를 할 수 있도록 실무적 접근에 중점을 두었으며, 특히 국가직무능력표준(NCS : National Competency Standards) 예약수배업무의 학습모듈 내용을 포함하여 구성하였습니다.

정부는 산업현장의 변화에 부응할 수 있는 인력을 체계적으로 양성하기 위해 국가직무능력 표준을 개발하고자 고용노동부와 한국산업인력공단 주관으로 학습모듈을 개발하고 있으며 2014년 관광과 관련하여 일부 학습모듈을 시험적으로 개발하였습니다.

그러나 국외여행의 항공과 관련된 업무(Reservation, Fare & Ticketing)는 전문성을 필요로 하기 때문에 현재 개발된 학습모듈만으로는 현장 업무가 바로 실행되도록 개발되지는 못하였고 향후 좀 더 지속적 개발이 필요한 부분이 있습니다.

본서에서 다루고 있는 항공 업무의 내용은 분야별 분류: 숙박 · 여행 · 오락(12), 중분류: 관광 · 레저(03), 소분류: 여행서비스(01), 세분류: 여행상품상담(02)으로 분류되어 있으며, NCS 능력단위는 여행요금상담(07)과 예약수배업무(08)에 포괄적으로 포함되어 있습니다.

또한 그동안 사용해 오던 일반적인 항공교재는 시스템 사용에 중점을 두고 있어 항공업무를 학습하기에는 유용하나 NCS에서 분류된 예약수배업무와 여행요금상담 내용이 포함되어 있지 않아 NCS에서 요구하는 직무능력 완성을 위해 교재와 학습모듈을 2가지 사용해야 하는 불편이 있어 이 점을 해결하고 업무의 완성도를 높이기 위해 이 교재를 집필하게 되었습니다.

열심히 집필할 수 있도록 협조해 주신 ㈜토파스여행정보의 관계자 분들과 백산출판사 관계자 분들에게 진심으로 감사를 전하며, 아무쪼록 이 교재가 국내외 여행업을 포함하여 다양한 곳에서 항공 업무를 하기 위해 학업하는 학생들에게 유용하게 사용되기를 바랍니다.

저자 씀

| 차례 |

PART

I

항공예약

Chapter 1

항공예약 시스템의 기초

1 화면의 이해

Topas Selll Connect는 모든 메시지의 시작이 SOM에서 시작하고 지시어의 입력은 CURSOR가 움직이는 부분에서 시작한다.

부호	명칭	설명
>	SOM(Start of Message)	지시어(ENTRY)의 시작 위치
|	CURSOR	지시어 글자가 시작하는 위치

2 기본지시어 사용법

Topas Sell Connect에서 Entry와 같이 사용되는 부호이다.

부호	명칭	주요 기능
*	Asterisk	지시어상에 항목을 구분해 주는 기능
/	Slash	다른 내용의 Item 분류 기능, Insert
-	Hyphen	From~To 또는 이름 입력 지시어
IR	Ignore and Redisplay	현재 내용 무시 후 재조회
IG	Ignore a PNR	진행 중인 PNR 무시
RT	RT	PNR 정리 및 DISPLAY

■ SCROLLING의 이해

(전체 화면이 다 보이지 않을 경우 페이지 이동을 하기 위해 사용한다.)

Entry	의미
MD	Move down
MT	Move top
MB	Move bottom
MU	Move up

3 SIGN

SIGN이란?

시스템과 연결하기 위한 접속방법으로 작업자에게는 고유의 등록된 SIGN이 부여된다. 본인에게 부여된 SIGN으로 작업하여 작업된 예약기록에는 자신의 SIGN이 저장된다.

작업을 시작하기 전 SIGN IN하고, 작업을 마치면 SIGN OUT을 한다.

1) SIGN IN

JI 00008HH/GS 또는 JI*0008HH/GS(모든 작업창에 SIGN IN)

Entry	설명
JI	사인 입력 키(Sign in transaction cord)
0008HH	개인의 고유 비밀번호(Agent sign)
/GS	General Sales Agent(업무 분야에 따라 다르게 부여됨)

2) SIGN OUT

작업한 내용의 보호 차원에서 예약직원은 자리를 비울 때 SIGN OUT시키는 것이 바람직하다. 사용 중이라도 'SIGN IN'이라는 응답이 나오면 다시 입력을 하고 사용하면 된다.

Entry	구분
JO*	전체 작업장의 Sign Out
JOC(C작업장 Sing Out)	특정 작업장의 Sign Out
JO	현재 작업장의 Sign Out

3) 작업장 확인

KEY	구분	설명
JD	작업장 확인	가장 최근에 Sign In 한 작업장 순으로 정리
JXC	작업장 이동	Sign In과 동시에 C 작업장에서 작업할 경우
JMC	작업장 이동	이미 SIGN IN 되어 있는 작업장 C로 이동

■ JD 화면의 설명

```
>JD
9CB344A9        SELK1394Z

AREA  TM  MOD SG/DT.LG TIME      ACT.Q   STATUS    NAME
A-IN      TRN  AA/SU.EN  24              SIGNED
B                                   NOT   SIGNED
C                                   NOT   SIGNED
D                                   NOT   SIGNED
E                                   NOT   SIGNED
F                                   NOT   SIGNED
```

구분	설명
9CB3710B	Terminal의 고유 Address
SELK1394Z	OFFICE ID
AREA	A, B, C, D, E, F의 작업장을 나타내며 작업장은 IN으로
TM	Type Mode
MOD	MODE(TRN : Training Mode)
SG	SIGN
DT	DUTY SIGN
LG	LANGUAGE(사용 언어)
QCAT ACT.Q	Queue 관련사항
STATUS	Sign 입력 상태 및 현재 작업 중인 내용
NAME	작업 중인 PNR이 있는 경우 승객 이름이 보인다.

4 ID 조회

ID 조회란?

추후 재확인 또는 재입력 시 필요한 것으로 CRS를 통해 작업하는 곳의 정보를 확인하는 항목이다.

1) Office ID

SELK1394Z

Entry	설명
SEL	Office 위치
K1	Corporate 코드
3	Corporate Qualifier 코드
94Z	Office 코드/유형

2) Corporate Code 조회 Entry

Entry	조회
GG CORP CODES K	코드로 조회
GG CORP NAMES K	업체명으로 조회

연습문제

1. 아래 Entry에 대한 설명을 써라.

ENTRY	명칭	설명
IR	Ignore and Redisplay	
IG	Ignore a PNR	
RT	RT	

2. 다음 ID에 대한 설명을 써라.

ID : PUS K1 2 8A A

Entry	설명
PUS	
K1	
2	
8A	
A	

3. 작업장을 확인하는 Entry는 무엇인가?

Chapter 2
코드(Code) 조회

코드란?

항공 관련 업무의 정확성과 신속성을 위해 IATA는 도시, 공항, 항공사, 주, 국가, 항공 좌석등급, 항공기 기종 등을 모두 코드화하여 사용하는 것이다.

1 CODE

1) CITY(도시)

가) Encode

구분	ENTRY	설명	
도시 이름으로 조회	DANFRANKFURT	D	DO
		A	A
		N	NAME
		FRANKFURT	도시이름
도시코드로 조회	DANFRA*	도시의 Spelling 일부와 그 뒤에 *로 연결하여 조회하면 FRA로 시작하는 도시	
도시 인근지역 확인	DANFRANKFURT/S	FRANKFURT 인근의 도시 조회	

DANFRANKFURT

```
>DANFRANKFURT

A:APT B:BUS C:CITY P:PRT H:HELI O:OFF-PT R:RAIL S:ASSOC TOWN
FRA*C  FRANKFURT                                      /DE
LATITUDE: 50°02'00"N          LONGITUDE: 08°34'00"E
TIME DIFF: +1H               LOCAL TIME IS 0810 ON WED04JAN17
DAYLIGHT SAVING: 26MAR17 AT 0100 TO 29OCT17 AT 0100: +2H
               25MAR18 AT 0100 TO 28OCT18 AT 0100: +2H
   A  FRA - FRANKFURT INTL              -  0K      /DE
   A  HHN - HAHN AIRPORT                - 93K      /DE
   R  ZRB - HBF RAILWAY STATION         - 12K      /DE
   R  QGV - NEU ISENBURG RAIL STN       -  9K      /DE
```

DANFRA*

도시의 Spelling 일부와 그 뒤에 *로 연결하여 조회하면 FRA로 시작하는 도시

```
>DANFRA*

A:APT  B:BUS  C:CITY  P:PRT  H:HELI  O:OFF-PT  R:RAIL  S:ASSOC  TOWN
NVK C  NARVIK                                        /NO
    A  NVK - FRAMNES                 -  0K           /NO
FRC C  FRANCA                                        /BRSP
    A  FRC - TENETE LUND PRESETTO    -  0K           /BRSP
BCN C  BARCELONA                                     /ES
    R  YJD - FRANCA RAILWAY STN      - 12K           /ES
MVB C  FRANCEVILLE                                   /GA
    A  MVB - MVENGUE                 -  0K           /GA
FOK C  WESTHAMPTON BEACH                             /USNY
    A  FOK - FRANCIS S GABRESKI      -  0K           /USNY
USU C  BUSUANGA                                      /PH
    A  USU - FRANCISCO B REYES       -  0K           /PH
```

```
DVO C  DAVAO                                          /PH
    A  DVO - FRANCISCO BANGOY INTL      -  0K         /PH
FBE C  FRANCISCO BELTRAO                              /BRPR
    A  FBE - FRANCISCO BELTRAO          -  0K         /BRPR
SPN C  SAIPAN                                         /MP
    A  SPN - FRANCISCO C ADA INTL       -  0K         /MP
JDF*C  JUIZ DE FORA                                   /BRMG
    A  JDF - FRANCISCO DE ASSIS         -  0K         /BRMG
OCC C COCA                                            /EC
```

DANFRANKFURT/S

- FRANKFURT 인근의 도시 조회

```
>DAN FRANKFURT/S


DAN FRANKFURT/S
A:APT B:BUS C:CITY P:PRT H:HELI O:OFF-PT R:RAIL S:ASSOC TOWN
LOCATION NOT FOUND, SIMILAR NAMES DISPLAYED
  YYZ S  FRANKFORD                 -193K NE       /CAON
  SBY S  FRANKFORD                 - 40K NE       /USDE
  UIN S  FRANKFORD                 - 48K S        /USMO
  ORD S  FRANKFORT                 - 62K S        /USIL
  IND S  FRANKFORT                 - 75K NW       /USIN
  LAF S  FRANKFORT                 - 41K SE       /USIN
  FOE S  FRANKFORT                 - 96K NW       /USKS
  MHK S  FRANKFORT                 - 56K NE       /USKS
  MBL S  FRANKFORT                 - 48K N        /USMI
  TVC S  FRANKFORT                 - 56K SW       /USMI
  CMH S  FRANKFORT                 - 67K SW       /USOH
  LEX S  FRANKFORT KENTUCKY        -  0K          /USKY
```

아래 도시의 코드를 조회하라.

1	PHUKET	
2	HANOI	
3	HONOLULU	
4	AUCKLAND	
5	SHANGHAI	
6	MEXICO CITY	
7	SAO PAULO	
8	MACAU	
9	BANGKOK	
10	VIENNA	
11	TORONTO	
12	HONG KONG	
13	MANCHESTER	
14	SAN FRANCISCO	
15	LONDON	

나) Decode

Entry	설명
D	DO
A	A
C	Cord
BOS	조회 도시코드

DACBOS

```
>DACBOS

DACBOS
A:APT B:BUS C:CITY P:PRT H:HELI O:OFF-PT R:RAIL S:ASSOC TOWN
CITY :
  BOS*C  BOSTON                    /USMA:MASSACHUSETTS
  LATITUDE: 42°22'00"N              LONGITUDE: 71°00'00"W
  TIME DIFF: GMT -5H

 LOCAL TIME IS 2047 ON TUE20DEC16
  DAYLIGHT SAVING: 13MAR16 AT 0700 TO 06NOV16 AT 0600: -4H
                   12MAR17 AT 0700 TO 05NOV17 AT 0600: -4H
AIRPORT-HELIPORT :
  BOS A  EDWARD L LOGAN INTL         /USMA       -  0K
  PSM A  PORTSMOUTH PEASE INTL       /USNH       - 77K
  JBC H  BOSTON CITY HELIPORT        /USMA       -  4K
RAIL-PORT-BUS STATION :
  ZTY R  BACK BAY RAILWAY STN        /USMA       -450K
  ZRU R  RT 128 RAILWAY STATION      /USMA       -  0K
  ZTO R  SOUTH RAILWAY STATION       /USMA       -  0K
```

/A : Airport /B : Bus /C : City /P : Port (항구) /H : Helicopter
/O : Off-Point (예, QTW : 대전) IATA City Code는 QTW 로 존재, 공항 Code는 미존재
/R : Rail /S : Associated Town (인근지역) /N : Nearest 10 Airports

- City : BOS는 도시코드
- USMA:MASSACHUSETTS : 미국 주코드 : 주 이름
- 해당도시의 위도, 경도 표시
- Greenwich Means Time(세계 표준시) 기준 Minus 5시간
- Summer Time 적용여부

응답화면에 City, Airport, Heliport, Rail 등 모든 Data가 나타난다.

CITY	
BOS	도시코드
C	City
BOSTON	BOS의 Full Name
/US	국가코드
MASSACHUSETTE	주 이름

AIRPORT- HELIPORT	
BOS	도시코드
A	Airport
LOGAN INTL	공항의 Full Name
/US	국가코드
MA	주 코드

RAIL-BUS STATION	
ZTY	정류장 코드
R	RAIL
BACK BAY RAILWAY STN	기차 정류장 이름
/US	국가코드
MA	주 코드

도시코드의 Full Name을 써라.

1	BUD	
2	MIA	
3	WAS	
4	AMS	
5	GVA	
6	DAD	
7	IST	
8	MAD	
9	MOW	
10	BKK	

2) COUNTRY

국가코드는 Decode와 Encode 지시어가 동일하다.

가) Encode

Entry	설명
D	DO
C	Country
Germany	국가이름

DCGERMANY

```
>DCGERMANY

DCGERMANY
DE    GERMANY/EUROPE                    TC2

EUR   EURO                                   LOCAL/INTL PUBLISHED

DEU   GERMANY CITIZEN
```

아래 국가의 코드를 조회하라.

1	UNITED KINGDOM	
2	SWITZERLAND	
3	JAPAN	
4	FINLAND	
5	MONGOLIA	
6	GERMANY	
7	MALAYSIA	
8	NEW ZEALAND	
9	PHILIPPINES	

나) Decode

Entry	설명
D	DO
C	Country
CA	국가코드

DCCA

```
>DCCA

DCCA
CA   CANADA/N AMERICA          TC1

CAD  CANADIAN DOLLAR           LOCAL/INTL PUBLISHED

CAN  CANADA CITIZEN
```

아래 코드의 국가명을 써라.

1	KR	
2	DE	
3	CN	
4	TH	
5	FR	

3) AIRLINE

항공사의 Decode와 Encode 지시어가 동일하다.

가) Encode

Entry	설명
D	Don't
N	Know
A	Airline
KOREANAIR	항공사 Full Name

DNA KOREANAIR

```
>DNA KOREANAIR
DNAKOREANAIR
KE/KAL 180 KOREAN AIR
```

아래의 항공사의 코드를 찾아 적어라.

1	KOREAN AIR	
2	VIETJET AVIATION	
3	CATHAY PACIFIC	
4	PHILIPPINE AIRLINES	
5	VIETNAM AIRLINES	
6	LUFTHANSA	
7	AIR FRANCE	
8	CHINA SOUTHERN AIRLINES	
9	UZBEKISTAN AIRWAYS	
10	EMIRATES	

나) Decode

조회내용	Entry	설명	
항공사 코드로 조회	DNAKE	D	Don't
		N	Know
		A	Airline
		KE	항공사 코드
항공사 Number	DNA160	160	항공사의 Number Cord
항공기종으로 조회	DNE380	D	Don't
		N	Know
		E	Equipment
		380	기종
항공기 제작사로 조회	DNEAIRBUS	AIRBUS	AIRBUS 모든 기종

아래 항공사의 Full Name을 써라.

1	KE	
2	QR	
3	TG	
4	AF	
5	DL	

4) STATE(주)Code

주의 Decode와 Encode 지시어가 동일하다.

가) Encode

Entry	설명
D	Don't
N	Know
S	State
HAWAII	주 Full Name

DNSHAWAII

```
>DNSHAWAII

DNSHAWAII
US HI HAWAII
```

미국의 State의 코드를 찾아 적어라.

1	COLORADO	
2	FLORIDA	
3	NEW YORK	
4	CALIFORNIA	
5	MASSACHUSETTS	

나) Decode

DNSUSNY

Entry	설명
D	Don't
N	Know
S	State
USNY	미국 / 뉴욕주

아래 미국 주들의 Full Name을 써라.

1	NE	
2	OH	
3	NC	
4	MT	
5	GA	

CITY CODE 유형

1. ROM TYPE---도시명의 첫 3자리

CHI : CHICAGO.US　　LON : LONDON. GB
FAI : FAIRBANKS.US　　MAD : MADRID. ES
HAM : HAMBURG.DE　　PAR : PARIS. FR
IST : ISTANBUL.TR　　RIO : RIO DE JANEIRO. BR
LAS : LASVEGAS. US　　VIE : VIENNA.AT

2. BKK TYPE---도시명의 첫 자 + 선택 2자

DTT : DETROIT. US　　GVA : GENEVA.CH
GUM : GUAM.GU　　HNL : HONOLULU.US
MOW : MOSCOW.RU　　OKA : OKINAWA.JP
HRB : HARBIN.CN　　THR : TEHRAN.IR

3. YUL TYPE---캐나다 도시 첫 자는 Y

YVR : VANCOUVER　　YTO : TORONTO
YYC : CALGARY　　YOW : OTTAWA
YHZ : HALIFAX　　YWG : WINNIPEG

4. 기 타

PDX : PORTLAND.US　　LAX : LOS ANGELES.US
SCL : SANTIAGO.CL

연습문제

1. 다음 중 도시코드와 공항코드가 서로 일치하지 않는 것은?

① LON - LHR, LGW

② PAR - CDG, ORY

③ SEL - ICN, GMP

④ TYO - NRT, KXI

2. 다음 중 NYC의 공항이 아닌 것은?

① JFK

② LGA

③ EWR

④ MIA

3. 다음 항공사의 Full Name과 국적을 써라.

① OZ

③ UA

② GA

④ MU

⑤ CX

4. 다음 도시의 공항코드를 모두 써라.

① OSA

② WAS

③ LON

④ NYC

⑤ PAR

5. 다음 도시의 3LETTER CODE를 써라.

① SYDNEY

② BARCELONA

③ SAN FRANCISCO

④ MADRID

⑤ BOSTON

Chapter 3

항공노선 조회

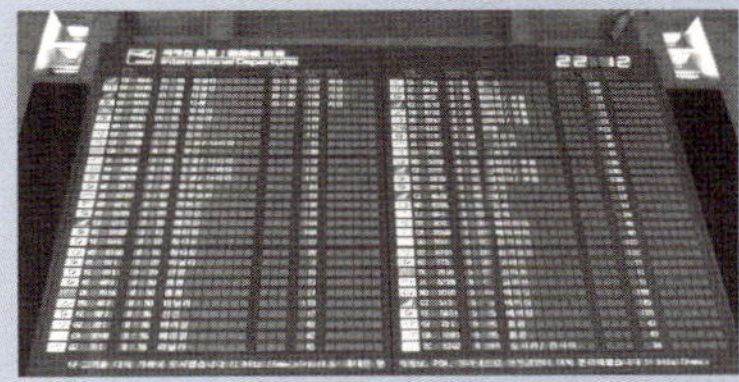

1 예약가능(Availability) 항공편 조회

예약가능 항공편 조회란?

원하는 날짜와 시간에 항공좌석 상황을 실시간으로 조회하는 기능을 Availiability고 한다. 항공좌석을 조회하여 좌석의 가능여부를 확인하고 좌석을 확보하여 예약을 완성한다. 만약 항공좌석을 확보하지 못할 경우는 대기자로 예약을 한 후 취소자가 발생하면 항공사 예약 대기자 순서대로 좌석을 확보할 수도 있다.

1) 예약가능편 조회

```
AN20NOVICNNYC
```

Entry	설명
AN	항공편 조회 기본지시어
20NOV	출발일자
ICN	출발지의 도시코드 또는 공항코드
NYC	목적지의 도시코드 또는 공항코드

```
>AN20NOVICNNYC

AN20NOVICNNYC
** AMADEUS AVAILABILITY - AN ** NYC NEW YORK.USNY          327 MO 20NOV 0000
 1   KE 081  R9 A4 J9 C9 D9 I9 Z9 /ICN   JFK 1  1000    1000  E0/388      14:00
             Y9 B9 M9 H9 E9 L9 K9 Q9 GR
 2KE:DL1003 F4 J9 C9 D9 I9 Z9 Y9 /ICN    JFK 1  1000    1120  E0/388      15:20
             B9 M9 H9 Q9 K9 L9 U9 T9
 3   OZ 222  P9 F9 A9 J9 C9 D9 Z9 /ICN   JFK 4  1100    1100  E0/388      14:00
             U9 Y9 B9 M9 H9 E9 Q9 K9 S9 V9 L9 W9 T9 GR
 4   KE 085  R5 A2 J9 C9 D9 I9 Z9 /ICN   JFK 1  1930    1930  E0/74H      14:00
             Y9 B9 M9 H9 E9 L9 K9 Q9 GR
 5KE:DL1002 F4 J9 C9 D9 I9 Z9 Y9 /ICN    JFK 1  1930    2100  E0/74H      15:30
             B9 M9 H9 Q9 K9 L9 U9 T9
 6   DL 158  J9 C9 D9 I9 Z0 W9 Y9 /ICN   DTWEM  1025    1020  E0/744
             B9 M0 H0 Q0 K0 L0 U0 T0 X0 V0 E0
    *DL3486  Y9 B9 M0 H0 Q0 K0 L0 /DTWEM SWF    1202    1338  E0/CRJ      17:13
             U0 T0 X0 V0 E0
 7   DL 158  J9 C9 D9 I9 Z0 W9 Y9 /ICN   DTWEM  1025    1020  E0/744
             B9 M0 H0 Q0 K0 L0 U0 T0 X0 V0 E0
     DL1566  F9 P9 A9 G0 W9 Y9 B9 /DTWEM LGA D  1200    1349  E0/319      17:24
             M0 H0 Q0 K0 L0 U0 T0 X0 V0 E0
```

■ 화면 이해

AN20NOVICNNYC	예약가능편 지시어 AN, 출발일, 출발지, 도착지
20NOV 0000	날짜와 기준시간
KE081	항공사 코드 및 항공편 명
R9 AR J9 C9	Booking Code와 가능 좌석 수
JFK 1	Last Seat availability indicator, 출발지/도착지 공항코드와 터미널 번호
1000 1000	출발시간/도착시간
E0/388	E-Ticket 발권 가능 표시, 도중체류 횟수, Access Indicator, 기종코드
14:00	비행시간

■ Code Share Flight : 공동운항편

- 코드쉐어란 실제 운항하는 항공사와 판매하는 항공사 모두 판매하는 형태로 KE:DL로 표시한다.
- 마케팅항공사에서만 판매하는 경우 VO*OS처럼 중간에 "*"로 표시한다.
- 해당 비행편을 소유하고 있는 운항 항공사가 일반 승객에게 좌석을 판매하지 않아 항공사가 코드가 없는 형태로 Marketing Carrier에서만 판매가 될 경우 *DL처럼 *앞의 항공사가 Blank로 되어 있다.

■ Availability Display 순서

ⓐ Non Stop : 출/도착 도시에서 Stop Point가 없다.
ⓑ Direc : 출/도착 동일 Flight No. 및 기종으로 운항되면 1번 이상 Stop한다.
ⓒ Connecting Flight : 출/도착 Flight No. 및 기종 변경 운항되며 1번 이상 Stop한다.
ⓓ Change of Equipment : 출/도착 Flight No.는 동일하나 기종 변경 운항되면 1번 이상 Stop한다.

2) 왕복 예약가능편 동시 조회(Dual City Pair)

AN20SEPICNSIN*25SEP

```
> AN20SEPICNSIN*25SEP

AN20SEPICNSIN*25SEP
** AMADEUS AVAILABILITY - AN ** SIN SINGAPORE.SG          266 WE 20SEP 0000
 1SQ:OZ6781  C9 D9 U9 Y9 B9 M9 H9 /ICN   SIN 0  0900   1420  E0/333      6:20
             E9 Q9 K9 S9
 2SQ:OZ6789  C9 D9 U9 Y9 B9 M9 H9 /ICN   SIN 0  1640   2205  E0/333      6:25
             E9 Q9 K9 S9
 3SQ:OZ6783  C9 D9 U9 Y9 B9 M9 H9 /ICN   SIN 0  2320   0440+1E0/333      6:20
             E9 Q9 K9 S9

** AMADEUS AVAILABILITY - AN ** ICN INCHEON INTERNA.KR      271 MO 25SEP 0000
11SQ:OZ6782  C9 D9 U9 Y9 B9 M9 H9 /SIN 3 ICN    0010   0745  E0/333      6:35
             E9 Q9 K9 S9
12SQ:OZ6790  C9 D9 U9 Y9 B9 M9 H9 /SIN 3 ICN    0800   1535  E0/333      6:35
             E9 Q9 K9 S9
```

```
13SQ:OZ6784  C9 D9 U9 Y9 B9 M9 H9 /SIN 3 ICN   1420   2155  E0/333      6:35
             E9 Q9 K9 S9
```

■ 화면 이해

AN20SEPICNSIN*25SEP	각 구간별 출발일 지정, Dual City Pair 스케줄 확인
1-3번 라인	20SEPICNSIN
11-13번 라인	25SEPSINICN

3) 연결 항공편 조회

AN15DECSELHKG*20DECHKGSIN

```
> AN15DECSELHKG*20DECHKGSIN
AN15DECSELHKG*20DECHKGSIN
** AMADEUS AVAILABILITY - AN ** HKG HONG KONG.HK            344 FR 15DEC 0000
 1   KE 603  P6 A2 J9 C9 D9 I8 Z5 /ICN   HKG 1  0825   1120  E0/333      3:55
             Y9 B9 M9 H9 E9 K9 Q9 T9 GR
 2   OZ 721  C9 D9 Z9 U9 Y9 B9 M9 /ICN   HKG 1  0900   1150  E0/77L      3:50
             H9 E9 Q9 K9 S9 V9 L9 GR
 3   LJ 113  W9 Y9 D9 E9 H9 S9 K9 /ICN   HKG 1  0935   1220  E0/738      3:45
             L9 N9 Q9 V9 B9 M9 X9 P9 A9 I9 R9 O9 U9 T9 GR
 4   7C2101  Y4 B4 K4 N4 Q4 M4 T4  ICN   HKG 2  0955   1235  E0.737      3:40
             W4 O4 R4 X4 S4 L4 H4 E4 J4 F4 V4 G4 Z4 D4 C4 A4 I4 P4 U4
 5   OZ 723  C9 D9 Z9 U8 Y9 B9 M9 /ICN   HKG 1  1000   1250  E0/321      3:50
             H9 E9 Q9 K9 S9 V9 L9 GR
** AMADEUS AVAILABILITY - AN ** SIN SINGAPORE.SG            349 WE 20DEC 0000
11   6X1322  J9 C9 D9 I9 U9 Y9 B9 /HKG   SIN    1100   1430  E0/738      3:30
             M9 K9 Q9 G9 E9
12   6X1323  J9 C9 D9 I9 U9 Y9 B9 /HKG   SIN    1100   1430  E0/738      3:30
             M9 K9 Q9 G9 E9
13   6X1324  J9 C9 D9 I9 U9 Y9 B9 /HKG   SIN    1100   1430  E0/738      3:30
             M9 K9 Q9 G9 E9
14   6X1321  J9 C9 D9 I9 U9 Y9 B9 /HKG   SIN    1100   1430  E0/738      3:30
             M9 K9 Q9 G9 E9
```

■ 화면 이해

AN15DECSELHKG*20DEC HKGSIN	각 구간별 출발일 지정, Dual City Pair 스케줄 확인
1-5번 라인	SELHKG 스케줄
11-14번 라인	HKGSIN 스케줄

4) 연결 항공편(직항이 없는 경우) 조회 (Married Segment)

AN10DECSELMIA

```
> AN10DECSELMIA

AN10DECSELMIA
** AMADEUS AVAILABILITY - AN ** MIA MIAMI.USFL            339 SU 10DEC 0000
 1   KE 073  A2 J9 C9 D9 I9 Z9 Y9 /ICN   YYZ 3  1020   0920  E0/77W
             B9 M9 H9 E9 L9 K9 Q9 GR
    *AC1646  J9 C9 Z9 P9 D9 R9 Y9 /YYZ 1 MIA   1200   1506  E0/319      18:46
             B9 L9 S9 W9 V9 Q9 H9 U9 M9 G9 K9 T9 A9
 2   KE 035  R7 A2 J9 C9 D9 I9 Z9 /ICN   ATL I  0935   0910  E0/77W
             Y9 B9 M9 H9 E9 L9 K9 Q9 T9 GR
  AA:IB4225  F9 A9 J9 C9 D9 R9 I9 /ATL N MIA   1405   1610  E0/738      20:35
             Y9 B9 H9 K9 M9 Z9 L9 V9 S9 N9 Q9 O9 W9
 3   OZ 222  P9 F9 A9 J9 C9 D9 Z9 /ICN   JFK 4  1100   1100  E0/388
             U9 Y9 B9 M9 H9 E9 Q9 K9 S9 V9 L9 W9 T9 GR
     7S1091  C9 D9 I9 Z9 O9 Y9 M9 /JFK 1 MIA   1600   1900  E0/321      22:00
             B9 K9 H9 W9 T9 V9 X9 L9 Q9 N9 G9 U9
 4   KE 073  A2 J9 C9 D9 I9 Z9 Y9 /ICN   YYZ 3  1020   0920  E0/77W
             B9 M9 H9 E9 L9 K9 Q9 GR
  ZX*AC7266  Y9 B9 L9 S9 W9 V9 Q9 /YYZ 1 CLT   1355   1455  E0/CRJ
             H9 U9 M9 G9 K9 T9 A9
    :IB4453  Y9 B9 H9 K9 M9 Z9 L9 /CLT   MIA   1640   1850  E0/ER4      22:30
             V9 S9 N9 Q9 O9 W9
```

5) 선호하는 항공사와 제휴된 항공사만 조회(제휴항공사 위주로 조회)

- 일부 항공사의 경우 Carrier-Preferred Display 기능 지원
- 지원기능 여부 확인 : GGPCAYY (YY : 항공사 코드)

```
> GGPCATG
PARTICIPATING CARRIER ACCESS AND FUNCTION LEVEL
TG  -  THAI AIRWAYS INTERNATIONAL

                                        ALTEA RESERVATION :  YES
     ACCESS INDICATOR :  /         RECORD LOCATOR RETURN :  ALL
LAST SEAT AVAIL INDIC :  /        CARRIER PREFERRED DISP :  ALL
      STANDARD ACCESS :           BOOKING RANGE IN DAYS :  340
   AMADEUS ACCESS SELL :  YES       INTERACTIVE SEAT MAP :  YES
  DYNAMIC SCHEDULE UPD :  YES            INTERACTIVE ASR :  YES
  NUMERIC AVAIL UPDATE :  YES             ASR DAYS/HOURS :  340/00
 AMADEUS DYNAMIC AVAIL :  YES          BP ISSUE DAYS/HOURS :  000/00
         DIRECT ACCESS :
```

■ 항공사의 임의대로 Setting

ANCX10MAYICNHKG

```
> ANCX10MAYICNHKG
ANCX10MAYICNHKG
** CATHAY PACIFIC - AN ** HKG HONG KONG.HK              136 WE 10MAY 0000
 1  CX 415  J9 C9 D9 I9 Y9 B9 H9 /ICN  HKG 1  0845  1125  E0/333     3:40
            K9 M9 L9 V9 S9 N9 Q9 O9
 2  CX 417  J9 C9 D9 I9 Y9 B9 H9 /ICN  HKG 1  1015  1300  E0/333     3:45
            K9 M9 L9 V9 S9 N9 Q9 O9
 3  CX 439  J9 C9 D9 I9 Y9 B9 H9 /ICN  HKG 1  1335  1620  E0/333     3:45
            K9 M9 L9 V9 S9 N9 Q9 O9
 4  CX 411  J9 C9 D9 I9 Y9 B9 H9 /ICN  HKG 1  1510  1750  E0/333     3:40
```

```
          K9 M9 L9 V9 SL NL OL
5  CX 419  J9 C9 D9 I9 W9 R9 E9 /ICN   HKG 1  2015   2255  E0/333      3:40
          Y9 B9 H9 K9 M9 L9 V9 SL NL OL
6  CX 421  J9 C9 D9 I9 Y9 B9 H9 /ICN   HKG 1  0915   1355  E1/772      5:40
          K9 M9 L9 V9 S9 N9 Q9 O9
7  CX 421  J9 C9 D9 I9 Y9 B9 H9 /ICN   TPE 1  0915   1055  E0/772
          K9 M9 L9 V9 S9 N9 Q9 O9
   CX 511  J9 C9 D9 I9 Y9 B9 H9 /TPE 1 HKG 1  1300   1505  E0/333      6:50
          K9 M9 L9 V9 S9 N9 Q9 O9
8  CX 421  J9 C9 D9 I9 Y9 B9 H9 /ICN   TPE 1  0915   1055  E0/772
          K9 M9 L9 V9 S9 N9 Q9 O9
   CX 495  J9 C9 D9 I9 Y9 B9 H9 /TPE 1 HKG 1  1325   1525  E0/333      7:10
          K9 M9 L9 V9 S9 N9 Q9 O9
```

■ 특정 항공사 지정 조회

AN30AUGICNSIN/ASQ

```
> AN30AUGICNSIN/ASQ
** AMADEUS AVAILABILITY - AN ** SIN SINGAPORE.SG          248 WE 30AUG 0000
1  SQ 007  F4 A3 Z9 C9 JL UL DL /ICN   SIN 0  0035   0555  E0/77W      6:20
          S9 T9 PL Y9 B9 E9 M9 HL WL QL NL LL
2  SQ 607  Z9 C6 JL UL DL Y9 B9 /ICN   SIN 0  0900   1420  E0/333      6:20
          E9 M9 HL WL QL NL LL
3OZ:SQ5751  C4 J4 D4 B4 E4 H4 W4 /ICN   SIN 3  1610   2130  E0/333     6:20
          Q4 N4 L4 V4
4  SQ 609  Z9 C6 JL UL DL Y9 B9 /ICN   SIN 0  1640   2205  E0/333      6:25
          E9 M9 HL WL QL NL LL
5  SQ 603  Z9 C6 JL UL DL Y9 B9 /ICN   SIN 0  2320   0440+1E0/333      6:20
          E9 M9 HL WL QL NL LL
```

■ 특정 Flight의 운항 정보 확인

AN20NOVICNHNL

```
> AN20NOVICNHNL

** AMADEUS AVAILABILITY - AN ** HNL HONOLULU.USHI          330 MO 20NOV 0000
 1   KE 051  GR                    /ICN   HNL M  1900   0830  E0/333     8:30
 2   OZ 232  C9 D9 Z9 U9 Y9 B9 M9 /ICN   HNL M  2020   0940  E0/333     8:20
             H9 E9 Q9 K9 S9 V9 L9 W9 T9 GR
 3   KE 053  P9 A3 J9 C9 D9 I9 Z9 /ICN   HNL M  2100   1030  E0/744     8:30
             Y9 B9 M9 H9 E9 L9 K9 QL GR
 4KE:DL7939  F0 J9 C9 D9 I9 Z9 Y9 /ICN   HNL M  2100   1050  E0/77W     8:50
             B9 M9 H9 Q9 K9 L9 U9 T9
 5   LJ 601  FL JL CL ZL WL YL DL /ICN   HNL M  2150   1130  E0/772     8:40
             E9 H9 S9 K9 L9 N9 Q9 V9 B9 M9 X9 P9 A9 I9 R9 O9 UL TL GL
 6   HA 460  F7 J7 P7 C7 A7 D7 Y7  ICN   HNL M  2200   1210  E0.332     9:10
             W7 X7 Q7 V7 B7 S7 N7 M7 I7 H7 G7 K7 L7 Z7 O7 R7 E  U7 T7
 7   KE 001  P1 A1 J6 C4 D4 I4 Z4 /ICN   HNL M  1720   0900  E1/333    10:40
             Y9 B9 M9 H9 E9 L9 K9 Q9 GR
 8   KE 751  A2 J9 C9 D9 I9 Z9 Y9 /ICN   NGO     1900   2050  E0/77W
             B9 M9 H9 E9 K9 Q9 T9 GR
     JL 794  J9 C9 D9 X9 I9 W9 E9 /NGO   HNL M  2200   1020  E0/777    10:20
             Y9 B9 H9 K9 M9 L9 V9 S9 N9 Q9 O9 G9
```

• 7번 Line KE001편의 E1/333의 E1은 중간경유 횟수

```
> DO7
DO7
*1A PLANNED FLIGHT INFO*             KE   1  330 MO 20NOV17
APT ARR   DY DEP   DY CLASS/MEAL          EQP  GRND  EFT   TTL
ICN          1720  MO P/M  F/D  A/M      333         2:20
                      JCDIZ/L  OY/D
                      BMSHEKLUQNT/D
                      GX/D
NRT 1940  MO 2100  MO PFAJCDIZOYB/D            1:20  7:00
                      MSHEKLUQNTG/D
                      X/D
HNL 0900  MO                                              10:40

COMMENTS-
 1.ICN NRT   - COCKPIT CREW KOREAN AIR
 2.NRT HNL   - COCKPIT CREW KOREAN AIR
 3.ICN NRT   - CABIN CREW KOREAN AIR
 4.NRT HNL   - CABIN CREW KOREAN AIR
 5.NRT HNL   - DEPARTS TERMINAL 1
 6.ICN NRT   - ARRIVES TERMINAL 1
 7.NRT HNL   - ARRIVES TERMINAL M
 8.ENTIRE FLT-  19/ LIE-FLAT SEAT FIRST
 9.ENTIRE FLT-  20/ LIE-FLAT SEAT BUSINESS
```

5) AN 추가 기능

- 현 단말기가 위치한 City를 출발지로, 지시어 입력일을 기준으로 예약가능한 항공편 조회

ANFRA

```
> ANFRA

ANFRA
** AMADEUS AVAILABILITY - AN ** FRA FRANKFURT.DE              0 WE 28DEC 1641
 1OZ:NH6896 J4 C4 D4 Z4 P4 Y4 B4 /ICN   HND I  2120    2320  E0/32S
            M4 U4 H4 Q4 V4 W4 S4 L4 KL
  NH:LH4921 F4 AL J4 C4 D4 Z4 PL /HND I FRA 1  0055+1  0520+1E0/77W      16:00
            G4 E4 Y4 B4 M4 U4 H4 Q4 VL
 2OZ:NH6896 J4 C4 D4 Z4 P4 Y4 B4 /ICN   HND I  2120    2320  E0/32S
            M4 U4 H4 Q4 V4 W4 S4 L4 KL
     NH 203  F7 A4 J9 C9 D9 Z4 PL /HND I FRA 1  0055+1  0520+1E0/777      16:00
            RL Y9 EL B9 M9 U9 HL QL VL WL SL LL KL NL
 3   KE 719  J9 C9 D9 I5 Z3 Y9 B9 /ICN   HND I  2040    2250  E0/73J
            M9 S9 H9 E9 K9 L9 U3 QL GR
     NH 203  F7 A4 J9 C9 D9 Z4 PL /HND I FRA 1  0055+1  0520+1E0/777      16:40
            RL Y9 EL B9 M9 U9 HL QL VL WL SL LL KL NL
 4NH:OZ9104 CL DL ZL UL Y4 B4 M4 /GMP I HND I  2015    2215  E0/788
            E4 Q4 K4 W4 TL GL
  NH:LH4921 F4 AL J4 C4 D4 Z4 PL /HND I FRA 1  0055+1  0520+1E0/77W      17:05
            G4 E4 Y4 B4 M4 U4 H4 Q4 VL
 5   NH 868  J9 C9 D8 Z4 PL RL Y9 /GMP I HND I  2015    2215  E0/788
            B9 M9 U9 H9 QL VL WL SL LL KL NL
     NH 203  F7 A4 J9 C9 D8 Z4 PL /HND I FRA 1  0055+1  0520+1E0/777      17:05
            RL Y9 E1 B9 M9 U9 H9 QL VL WL SL LL KL NL
```

■ 특정 항공사 지정 조회

AN30OCTWASFRA/AUA

```
> AN30OCTWASFRA/AUA
AN30OCTWASFRA/AUA
** AMADEUS AVAILABILITY - AN ** FRA FRANKFURT.DE          299 MO 30OCT 0000
 1  UA 989  F4 A4 J9 C9 D8 Z0 P0 /IAD   FRA 1  1720   0720+1E0/777      9:00
            Y9 B9 M9 E9 U9 H9 Q9 V9 W9 S9 T9 L9 K9 G0 N0
 2  UA 932  F4 A4 J9 C9 D6 Z0 P0 /IAD   FRA 1  2210   1210+1E0/777      9:00
            Y9 B9 M9 E9 U9 H9 Q9 V9 W9 S9 T9 L9 K9 G0 N0
 3  UA1972  F3 C5 A3 D4 Z1 P1 Y9 /IAD   EWR C  1715   1847  E0/738
            B9 M9 E9 U9 H9 Q9 V9 W9 S9 T9 L9 K0 G0 N0
    UA 960  F3 A3 J9 C5 D4 Z1 P1 /EWR C FRA 1  1940   0920+1E0/777     11:05
            Y9 B9 M9 E9 U9 H9 Q9 V9 W9 S9 T9 L9 K0 G0 N0
 4 *UA4372  Y9 B9 M9 E9 U9 H9 Q9 /DCA B EWR A  1700   1809  E0/ERJ N
            V9 W9 S9 T9 L9 K9 G0 N0
    UA 960  F3 A3 J9 C9 D9 Z9 P0 /EWR C FRA 1  1940   0920+1E0/777     11:20
            Y9 B9 M9 E9 U9 H9 Q9 V9 W9 S9 T9 L9 K9 G0 N0
 5 *UA4433  Y9 B9 M9 E9 U9 H9 Q9 /BWI   EWR A  1651   1811  E0/ERJ N
            V9 W9 S9 T9 L9 K9 G0 N0
    UA 960  F3 A3 J9 C9 D9 Z9 P0 /EWR C FRA 1  1940   0920+1E0/777     11:29
            Y9 B9 M9 E9 U9 H9 Q9 V9 W9 S9 T9 L9 K9 G0 N0
 6  UA 221  F4 C9 A4 D9 Z9 P9 Y9 /IAD   ORD 1  1230   1337  E0/320
            B9 M9 E9 U9 H9 Q9 V9 W9 S9 T9 L9 K9 G0 N0
    UA 944  F4 A4 J9 C9 D9 Z9 P9 /ORD 1 FRA 1  1435   0555+1E0/777     12:25
            Y9 B9 M9 E9 U9 H9 Q9 V9 W9 S9 T9 L9 K9 G0 N0
```

■ 특정 항공사를 제외한 항공편 조회

AN30DECSELJKT/A-KE

```
> AN30DECSELJKT/A-KE

AN30DECSELJKT/A-KE
** AMADEUS AVAILABILITY - AN ** JKT JAKARTA.ID              10 FR 30DEC 0000
 1   GA 879  J9 C9 D9 I9 Y9 B9 M9 /ICN  CGK 2  1035   1545  E0/333      7:10
             K9 N9 GL
 2KE:GA9963  C7 D9 Y9 B9 M9 K6 N6 /ICN  CGK 2  1535   2040  E0/777      7:05
             Q6 T6 V6
 3   OZ 761  C9 D9 Z9 U9 Y9 B9 M9 /ICN  CGK 2  1655   2215  E0/333      7:20
             H9 E9 Q9 K9 S9 V2 L2 GR
 4   SQ 007  F4 A3 Z9 C9 J9 U9 D4 /ICN  SIN 0  0025   0600  E0/77W
             S9 T9 P9 Y9 B9 EL ML HL WL QL LL
     SQ 950  F4 A3 Z9 C9 J9 U9 D4 /SIN 2 CGK 2  0650   0735  E0/773      9:10
             Y9 B9 EL ML HL WL QL LL
 5   UO 619  Y4 B4 H4 K4 L4 M4    ICN  HKG 2  1230   1520  E0.321
     CI 679  J9 C9 D9 Y9 B9 M9 K9 /HKG 1 CGK 2  1625   2010  E0/333      9:40
             V9 T9 R9 Q9 H9 N9 X9 L9
 6   CX 411  J9 C8 D5 I2 Y9 B9 H9 /ICN  HKG 1  1505   1810  E0/333
             K9 M9 L9 V9 SL NL OL
     CX 797  J9 C9 D9 I9 Y9 B9 H9 /HKG 1 CGK 2  1905   2250  E0/333      9:45
             K9 M9 L9 V6 SL NL OL
```

■ 코드 쉐어편을 제외한 운항편만 조회

AN30NOVSELHKG/A+KE

```
>AN30NOVSELHKG/A+KE

AN30NOVSELHKG/A+KE
** AMADEUS AVAILABILITY - AN ** HKG HONG KONG.HK           344 TH 30NOV 0000
 1   KE 603  P6 A2 J9 C9 D9 I8 Z5 /ICN   HKG 1  0825   1120  E0/333      3:55
             Y9 B9 M9 H9 E9 K9 Q9 T9 GR
 2   KE 613  P6 A2 J9 C9 D9 I9 Z8 /ICN   HKG 1  1100   1405  E0/744      4:05
             Y9 B9 M9 H9 E9 K9 Q9 T9 GR
 3   KE 601  J9 C9 D9 I9 Z4 Y9 B9 /ICN   HKG 1  1345   1650  E0/772      4:05
             M9 H9 E9 K9 Q9 T9 GR
 4   KE 607  R8 A2 J9 C9 D9 I9 Z9 /ICN   HKG 1  2000   2255  E0/77W      3:55
             Y9 B9 M9 H9 E9 K9 Q9 T9 GR
 5   KE1125  C8 Y9 T2             /GMP D PUS D  1900   1955  E0/73H
     KE 615 J8 C8 D8 I8 Z8 Y9 B9 /PUS I HKG 1  2120   0005+1E0/739      6:05
             M9 H9 E9 K9 Q9 T9 GR
 6   KE1123  C8 Y9 T2             /GMP D PUS D  1800   1855  E0/73H
     KE 615 J8 C8 D8 I8 Z8 Y9 B9 /PUS I HKG 1  2120   0005+1E0/739      7:05
             M9 H9 E9 K9 Q9 T9 GR
 7   KE1241  C8 Z2 Y9 GR Q9 T9    /GMP D CJU     1530   1635  E0/73H
     KE1006  C8 Z2 Y9 GR T5       /CJU   PUS D  1740   1835  E0/73H
     KE 615 J8 C8 D8 I8 Z8 Y9 B9 /PUS I HKG 1  2120   0005+1E0/739      9:35
             M9 H9 E9 K9 Q9 T9 GR
```

■ 특정 제휴항공사 조회

① ONEWORLD 항공편만 조회

AN*O20OCTSELHKG

```
>AN*O20OCTSELHKG

AN*O20OCTSELHKG
** ONEWORLD - AN ** HKG HONG KONG.HK                        295 FR 20OCT 0000
 1  CX 415  J9 C9 D9 I9 Y9 B9 H9 /ICN   HKG 1  0845   1125  E0/333      3:40
            K9 M9 L9 V9 S9 N9 Q9 O9
 2  CX 417  J9 C9 D9 I9 Y9 B9 H9 /ICN   HKG 1  1015   1300  E0/333      3:45
            K9 M9 L9 V9 S9 N9 Q9 O9
 3  CX 439  J9 C9 D9 I9 Y9 B9 H9 /ICN   HKG 1  1335   1620  E0/333      3:45
            K9 M9 L9 V9 S9 N9 Q9 O9
 4  CX 411  J9 C9 D9 I9 W9 R9 E9 /ICN   HKG 1  1510   1750  E0/77W      3:40
            Y9 B9 H9 K9 M9 L9 V9 S9 N9 Q9 O9
 5  CX 419  J9 C9 D9 I9 Y9 B9 H9 /ICN   HKG 1  2015   2255  E0/333      3:40
            K9 M9 L9 V9 S9 N9 Q9 O9
 6  CX 421  J9 C9 D9 I9 Y9 B9 H9 /ICN   HKG 1  0915   1355  E1/772      5:40
            K9 M9 L9 V9 S9 N9 Q9 O9
 7  CX 421  J9 C9 D9 I9 Y9 B9 H9 /ICN   TPE 1  0915   1055  E0/772
            K9 M9 L9 V9 S9 N9 Q9 O9
    CX 511  J9 C9 D9 I9 Y9 B9 H9 /TPE 1 HKG 1  1300   1505  E0/333      6:50
            K9 M9 L9 V9 S9 N9 Q9 O9
 8  CX 421  J9 C9 D9 I9 Y9 B9 H9 /ICN   TPE 1  0915   1055  E0/772
            K9 M9 L9 V9 S9 N9 Q9 O9
    CX 495  J9 C9 D9 I9 W9 R9 E9 /TPE 1 HKG 1  1325   1525  E0/359      7:10
            Y9 B9 H9 K9 M9 L9 V9 S9 N9 Q9 O9
```

② SKYTEAM 항공편만 조회

AN*S20NOVSELHKG

```
> AN*S20NOVSELHKG

AN*S20NOVSELHKG
** SKYTEAM - AN ** HKG HONG KONG.HK                          319 MO 20NOV
0000
 1   KE 603  P6 A2 J9 C9 D9 I8 Z5 /ICN   HKG 1  0825    1120  E0/333    3:55
            Y9 B9 M9 H9 E9 K9 Q9 T9 GR
 2   KE 613  P6 A2 J9 C9 D9 I9 Z8 /ICN   HKG 1  1100    1405  E0/744    4:05
             Y9 B9 M9 H9 E9 K9 Q9 T9 GR
 3   KE 601  J9 C9 D9 I9 Z4 Y9 B9 /ICN   HKG 1  1345    1650  E0/772    4:05
             M9 H9 E9 K9 Q9 T9 GR
 4   KE 607  R8 A2 J9 C9 D9 I9 Z9 /ICN   HKG 1  2000    2255  E0/77W    3:55
             Y9 B9 M9 H9 E9 K9 Q9 T9 GR
 5   MU5042  F0 P0 J9 C9 D9 I9 W0 /ICN   PVG 1  1255    1345  E0.332
             Y9 B9 M9 E9 H9 K9 L9 N9 R9 S0 V0 T0 G0 Z9 Q0
     MU 509  F0 P0 J9 C0 D0 I0 W0 /PVG 1 HKG 1  1530    1755  E0.321    6:00
             Y9 B0 M0 E0 H0 K0 L0 N0 R0 S0 V0 T0 G0 Z0 Q0
 6   MU5052  F0 P0 J9 C9 D9 I9 W0 /ICN   PVG 1  0855    0950  E0.332
             Y9 B9 M9 E9 H9 K9 L9 N9 R9 S0 V0 T0 G0 Z9 Q0
     MU 507  F0 P0 J0 C0 D0 I0 W0 /PVG 1 HKG 1  1135    1400  E0.320    6:05
             Y0 B0 M0 E0 H0 K0 L0 N0 R0 S0 V0 T0 G0 Z0 Q0
 7   KE1125  C8 Y9 T7             /GMP D PUS D  1900    1955  E0/73H
     KE 615  J8 C8 D8 I8 Z8 Y9 B9 /PUS I HKG 1  2120    0005+1E0/739   6:05
             M9 H9 E9 K9 Q9 T9 GR
```

③ STAR ALLANCE 항공편만 조회

AN*A30NOVSELHKG

```
> AN*A30NOVSELHKG

AN*A30NOVSELHKG
** STAR ALLIANCE - AN ** HKG HONG KONG.HK                 329 TH 30NOV 0000
BOOK ROUND THE WORLD AND CIRCLE FARES ON WWW.STARALLIANCE.COM
 1   OZ 721  C9 D9 Z9 U9 Y9 B9 M9 /ICN   HKG 1  0900   1150  E0/74E      3:50
             H9 E9 Q9 K9 S9 V9 L9 GR
 2   OZ 723  C9 D9 Z9 U8 Y9 B9 M9 /ICN   HKG 1  1000   1250  E0/321      3:50
             H9 E9 Q9 K9 S9 V9 L9 GR
 3   OZ 745  C9 D9 Z9 U9 Y9 B9 M9 /ICN   HKG 1  1935   2230  E0/772      3:55
             H9 E9 Q9 K9 S9 V9 L9 GR
 4   OZ 749  C9 D9 Z9 U6 Y9 B9 M9 /ICN   HKG 1  2010   2300  E0/321      3:50
             H9 E9 Q9 K9 S9 V9 L9 GR
 5   ET 609  C7 J7 D7 P2 Y7 G7 S7 /ICN   HKG    2045   2355  E0/788      4:10
             B7 M7 K7 L7 V7 H7 U7 Q7 T7 W7 E7 O7
 6   CA 124  J4 C4 D4 Z9 R4 G9 E9  ICN   PEK 3  1305   1420  E0.333
             Y9 B9 M9 U9 H9 Q9 V9 W9 S9 T9 L9 N9 K9
     CA 115  J4 C4 D4 Z9 R4 Y9 B9  PEK 3 HKG 1  1530   1900  E0.321      6:55
             M9 U9 H9 Q9 V9 W9 S9 T9 L9 N9 K9
 7   OZ 335  C9 D9 Z9 U9 Y9 B9 M9 /ICN   PEK 3  1510   1610  E0/321
             H9 E9 Q9 K9 S9 VL L9 W9 T9 GR
     CA 117  J4 C4 D4 Z9 R4 Y9 B9  PEK 3 HKG 1  1730   2105  E0.738      6:55
             M9 U9 H9 Q9 V9 W9 S9 T9 L9 N9 K9
```

④ 왕복 항공편 조건 제시 조회

AN20NOVSELHKG/CM/AKE*30NOVHKGSEL/CM/AKE

Entry	설명
20NOV	출발일
SELHKG	출/도착지
CM	Booking Class
AKE	항공사 지정
*	구분키

Entry	설명
30NOV	출발일
HKGSEL	출/도착지
CM	Booking Class
AKE	항공사 지정

```
>AN20NOVSELHKG/CM/AKE*30NOVHKGSEL/CM/AKE

AN20NOVSELHKG/CM/AKE*30NOVHKGSEL/CM/AKE
** AMADEUS AVAILABILITY - AN ** HKG HONG KONG.HK    319 MO 20NOV  0000
 1   KE 603  M9              /ICN   HKG 1  0825   1120  E0/333   3:55
 2   KE 613  M9              /ICN   HKG 1  1100   1405  E0/744   4:05
 3   KE 601  M9              /ICN   HKG 1  1345   1650  E0/772   4:05
 4   KE 607  M9              /ICN   HKG 1  2000   2255  E0/77W   3:55
 5   KE 741  M9              /ICN   NGO    1035   1230  E0/772
     KE 754  M9              /NGO   PUS I  1520   1700  E0/739
     KE 615  M9              /PUS I HKG 1  2120   0005+1E0/739  14:30

** AMADEUS AVAILABILITY - AN ** SEL SEOUL.KR         329 TH 30NOV  0000
11   KE 608  M9              /HKG 1 ICN    0055   0520  E0/77W   3:25
12   KE 604  M9              /HKG 1 ICN    1235   1700  E0/333   3:25
13   KE 614  M9              /HKG 1 ICN    1525   1955  E0/744   3:30
14   KE 602  M9              /HKG 1 ICN    1800   2230  E0/772   3:30
15   KE 616  M9              /HKG 1 PUS I  0205   0620  E0/739
     KE 731  M9              /PUS I KIX 1  0900   1025  E0/739
     KE 724  M9              /KIX 1 ICN    1155   1355  E0/333  10:50
```

■ 항공사가 사용하고 있는 예약 · 발권 시스템

① SUA(System User Airline)

Amadeus 가입사이면서 Amadeus 시스템을 직접 사용하는 항공사를 SUA라고 한다.

확인방법 : GGPCAKE
ALTEA RESERVATION에 "YES"로 표기

```
> GGPCAKE

PARTICIPATING CARRIER ACCESS AND FUNCTION LEVEL
KE  -  KOREAN AIR
                                       ALTEA RESERVATION :  YES
     ACCESS INDICATOR :  /          RECORD LOCATOR RETURN :  ALL
LAST SEAT AVAIL INDIC :  /          CARRIER PREFERRED DISP :  ALL
      STANDARD ACCESS :             BOOKING RANGE IN DAYS :  361
```

② PCA(Participating Carrier Agreement)

Amadeus 가입사이나 Amadeus 시스템이 아닌 다른 시스템을 사용하는 항공사를 PCA라고 한다.

확인방법 : GGPCAPR
ALTEA RESERVATION에 "　　" (Blank)로 표기

```
> GGPCAPR

PARTICIPATING CARRIER ACCESS AND FUNCTION LEVEL
PR  -  PHILIPPINE AIRLINES
                                       ALTEA RESERVATION :
     ACCESS INDICATOR :  /          RECORD LOCATOR RETURN :  ALL
LAST SEAT AVAIL INDIC :  /          CARRIER PREFERRED DISP :
      STANDARD ACCESS :             BOOKING RANGE IN DAYS :  330
   AMADEUS ACCESS SELL :  YES        INTERACTIVE SEAT MAP :  YES
  DYNAMIC SCHEDULE UPD :  YES             INTERACTIVE ASR :
  NUMERIC AVAIL UPDATE :  YES             ASR DAYS/HOURS :  331/06
 AMADEUS DYNAMIC AVAIL :               BP ISSUE DAYS/HOURS :  000/00
        DIRECT ACCESS :  AVL
```

■ 기타

① 선택사항 지정 ENTRY

Entry	설명
AN20NOVSELHKG0900	AVBLTY 기준시 지정
AN20NOVSELFRA/XHKG	SEL에서 FRA까지 HKG으로 연결되는 Display (예: SEL-HKG-FRA)
A20NOVSELLON/CF(BKG CLS)	특정 Booking Code 지정

② 간편 ENTRY

Entry	설명
MPAN	MOVE PREVIOUS AN
MDAN	MOVE DOWN AN
MUAN	MOVE UP AN
MTAN	MOVE TOP AN
MBAN	MOVE BOTTOM AN
MOAN	Origin AVBLTY 바로 조회
MN	조회되어 있는 예약가능편의 다음 날짜로 조회
MY	조회되어 있는 예약가능편의 하루 전 날짜로 조회
AC1	조회되어 있는 예약가능편의 다음 날짜로 조회
AC-1	조회되어 있는 예약가능편의 하루 전 날짜로 조회
AC1*	DUEL CITY PAIR로 조회된 화면 중 첫 페이지만 하루 뒤로 조회
AC*1	DUEL CITY PAIR로 조회된 화면 중 두 번째 페이지만 하루 뒤로 조회
AC20NOV	11월 20일의 예약가능편으로 변경 조회
ACR	현재 Display된 AVBLTY 화면의 복편 구간 AVBLTY 바로 조회
ACR10MAY	5월 10일의 복편 구간 AVBLTY 바로 조회
AC/ACX	항공사를 CX로 변경하여 조회

6) SCHEDULE 조회

SN20NOVSELJKT

Entry	설명
SN	Schedule 확인 키
20NOV	출발일자
SELJKT	출/도착지

```
> SN20NOVSELJKT

SN20NOVSELJKT
** AMADEUS SCHEDULES - SN ** JKT JAKARTA.ID                334 MO 20NOV 0000
 1  GA 879  JL CL DL YL BL ML KL /ICN  CGK 2  1035   1545  E0/333      7:10
            NL GL QC TC VC
 2KE:GA9963  C9 D9 Y9 B9 M9 K9 N9 /ICN  CGK 2  1535   2040  E0/777      7:05
            Q9 T9 V9
 3  KE 627  R8 A2 J9 C9 D9 I9 Z9 /ICN  CGK 2  1535   2040  E0/77W      7:05
            Y9 B9 M9 H9 E9 K9 Q9 T9 GR
 4  OZ 761  C9 D9 Z9 U9 Y9 B9 M9 /ICN  CGK 2  1655   2215  E0/333      7:20
            H9 E9 Q9 K9 S9 V9 L9 WC TC GR
 5  MH 067  J4 C4 D4 Z4 I4 U4 Y9 /ICN  KUL M  1100   1645  E0/333
            B9 H9 K9 M9 L9 V9 S9 N9 Q9 O9 E9 T9 X9 G9
    MH 725  J4 C4 D4 Z4 I4 U4 Y9 /KUL M CGK 2  1745   1845  E0/738      9:45
            B9 H9 K9 M9 L9 V9 S9 N9 Q9 O9 E9 T9 X9 G9
 6  GA 871  JL CL DL YL BL ML KL /ICN  DPS I  1200   1800  E0/333
            NL GL QC TC VC
    GA 423  JL CL DL YL BL ML KL /DPS D CGK 3  1930   2025  E0/738     10:25
            NL QC GL TC VC
 7  OZ1085  C9 D9 Z9 U9 Y9 B9 M9 /GMP I HND I  0840   1045  E0/333
            H9 E9 Q9 K9 S9 V9 L9 W9 T9 GR
    GA 875  JL CL DL IC YL BL ML /HND I CGK 2  1145   1715  E0/333     10:35
            KL NL GL QC TC VC SC
```

- AN 화면과 거의 유사하나, SN 화면은 잔여 좌석 수와 차이가 있을 수 있다.

7) Time table 조회

Time table 조회란 항공예약의 편리함과 정보제공을 위해 항공기의 운항 요일을 확인하기 위한 조회이다. 요청일로부터 7일간 항공을 보여준다.

■ 기본 Entry

TN30JANSELKUL

Entry	설명
TN	Timetable 확인 기본키
30JAN	출발일
SELKUL	출/도착지

```
> TN30JANSELKUL

TN30JANSELKUL
** AMADEUS TIMETABLE - TN ** KUL KUALA LUMPUR.MY              30JAN19 06FEB20
 1   D7 507   2467 ICN    KUL 2  0935    1520   0 30OCT16 25MAR17 330   6:45
 2 MH:KE5671  D     ICN    KUL M  1100    1645   0 30OCT16 28FEB17 333   6:45
 3   MH 067    D     ICN    KUL M  1100    1645   0 15JAN17 25MAR17 333   6:45
 4   D7 507    135   ICN    KUL 2  1115    1700   0 31OCT16 24MAR17 330   6:45
 5   D7 505    D     ICN    KUL 2  1625    2210   0 30OCT16 25MAR17 330   6:45
 6   KE 671    D     ICN    KUL M  1655    2235   0 30OCT16 25MAR17 77W   6:40
 7KE:MH5621   D     ICN    KUL M  1655    2235   0 12DEC16 25MAR17 772   6:40
 8   OZ 711    D     ICN    TPE 2  1000    1130   0 CONNECT  TPE     333
     OD 633    D     TPE 0 KUL M  1245    1730   0 05JAN17 18MAR17 739   8:30
 9 OZ:BR2147  D     ICN    TPE 2  1000    1130   0 CONNECT  TPE     333
     OD 633    D     TPE 0 KUL M  1245    1730   0 05JAN17 18MAR17 739   8:30
```

- 운항일 2467 → 화, 목, 토, 일 운항
- X1 → 월요일 제외 운항
- 요청일로부터 7일간 Date range

■ 화면 전환 간편 Entry

Entry	설명
ACSN	SKD 화면으로 바로 전환
ACAN	AVBLTY 화면으로 바로 전환
TCAN	TIMETABLE 조회 후 바로 예약하고자 할 경우/AN 이동
MN	MOVE NEXT(다음날 조회/AN, SN 화면에서 모두 사용 가능)
MY	MOVE YESTERDAY(전날 조회/AN, SN 화면에서 모두 사용 가능)

8) 시간 조회(Time and date)

Time and date 조회는 예약의 편리함과 정보제공을 위해 출발지와 목적지 간의 시간 차이를 계산한다.

① LOCAL TIME 및 도시 간 시간차(Time Difference) 조회

DDLON

```
> DDLON

DDLON
LON TIME IS 0240/0240A ON WED21DEC16
LON IS 09HRS 00MIN EARLIER
```

② 특정 시간 및 도시 지정

DDSEL1200/NYC

```
> DDSEL1200/NYC

DDSEL1200/NYC
NYC TIME IS 2200/1000P ON TUE20DEC16
NYC IS 14HRS 00MIN EARLIER
```

③ MCT(Minimum Connecting Time) 조회

MCT는 연결항공편을 타기 위해 최소한 보장되어야 하는 시간이다. 연결 항공편이 있을 경우 반드시 확인하여 예약하여야 한다.

DMHKG

```
>DMHKG

DMHKG/29DEC16
HKG  STANDARD MINIMUM CONNECTING TIMES
HKG-HKG     FROM      -           TO        D/D D/I I/D I/I
CC FLTN-FLTR ORGN EQPTM-CC FLTN-FLTR DEST EQPTM HMM HMM HMM HMM
                      -                     --- --- --- 100
            TW        -           CN        --- --- --- 130
            CN        -           TW        --- --- --- 130
            KHH       -           CN        --- --- --- 200
            TPE       -           CN        --- --- --- 200
            TSA       -           CN        --- --- --- 200
            CN        -           KHH       --- --- --- 200
            CN        -           TPE       --- --- --- 200
            CN        -           TSA       --- --- --- 200
CK SPECIFIC CARRIER FOR EXCEPTIONS TO STANDARD CONNECTING TIMES
PRECLEARANCE MAY APPLY
```

■ 추가 조회 기능

Entry	설명
DMCDG-ORY	공항 지정
DMKE/LAX/29DEC16	항공사/공항/날짜 지정
DMI	PNR SEG가 있는 경우 전체 SEG의 MCT 조회
DM2/4	PNR상의 2번과 4번 SEG의 MCT 조회

2 Married Segment

Married Segment란?

출발지에서 도착지까지 동일 항공사로 경유하는 여정인 경우, 항공사에서 두 노선을 묶어 판매하는 방식이다.

Married Segment는 항공사의 제휴항공사의 판매 또는 영업 전략과 특정 구간에 대한 긴 구간을 판매 하기 위한 전략으로 Married 구간에 대한 좌석 공급을 우선순위로 유지한다.

PNR에 Married SEG가 포함되면 PNR Header에 -MSC- Tag가 붙는다.

1) 예약방법

① 예약가능편 조회

AN20OCTICNJNB/ACX

```
> AN20OCTICNJNB/ACX
** AMADEUS AVAILABILITY - AN ** JNB JOHANNESBURG.ZA        295 FR 20OCT 0000
 1   CX 419  J9 C9 D9 I9 Y9 B9 H9 /ICN   HKG 1  2015   2255  E0/333
             K9 M9 L9 V9 S9 N9 Q9 O9
     CX 749  J9 C9 D9 I9 W9 R9 E9 /HKG 1 JNB B  2345   0635+1E0/77W      17:20
             Y9 B9 H9 K9 M9 L9 V9 S9 N9 Q9 O9
 2   CX 411  J9 C9 D9 I9 W9 R9 E9 /ICN   HKG 1  1510   1750  E0/77W
             Y9 B9 H9 K9 M9 L9 V9 S9 N9 Q9 O9
     CX 749  J9 C9 D9 I9 W9 R9 E9 /HKG 1 JNB B  2345   0635+1E0/77W      22:25
             Y9 B9 H9 K9 M9 L9 V9 S9 N9 Q9 O9
 3   CX 421  J9 C9 D9 I9 Y9 B9 H9 /ICN   TPE 1  0915   1055  E0/772
             K9 M9 L9 V9 S9 N9 Q9 O9
     CX 467  J9 C9 D9 I9 Y9 B9 H9 /TPE 1 HKG 1  1520   1725  E0/772
             K9 M9 L9 V9 S9 N9 Q9 O9
     CX 749  J9 C9 D9 I9 W9 R9 E9 /HKG 1 JNB B  2345   0635+1E0/77W      28:20
             Y9 B9 H9 K9 M9 L9 V9 S9 N9 Q9 O9
 4   CX 421  J9 C9 D9 I9 Y9 B9 H9 /ICN   TPE 1  0915   1055  E0/772
             K9 M9 L9 V9 S9 N9 Q9 O9
     CX 495  J9 C9 D9 I9 W9 R9 E9 /TPE 1 HKG 1  1325   1525  E0/359
             Y9 B9 H9 K9 M9 L9 V9 S9 N9 Q9 O9
     CX 749  J9 C9 D9 I9 W9 R9 E9 /HKG 1 JNB B  2345   0635+1E0/77W      28:20
             Y9 B9 H9 K9 M9 L9 V9 S9 N9 Q9 O9
```

② 좌석예약

SS2Y1	동일한 Booking Class
SS2YC1	상이한 Booking Class

```
> SS2Y1

RP/SELK1394Z/
  1  CX 419 Y 20OCT 5 ICNHKG DK2  2015 2255  20OCT  E  0 333 D
     SEE RTSVC
  2  CX 749 Y 20OCT 5 HKGJNB DK2  2345 0635  21OCT  E  0 77W BD
     SEE RTSVC
```

```
> SS2YC2

RP/SELK1394Z/
  1  CX 749 Y 20OCT 5 HKGJNB DK2  2345 0635  21OCT  E  0 77W BD
     SEE RTSVC
  2  CX 749 C 20OCT 5 HKGJNB DK2  2345 0635  21OCT  E  0 77W BD
     SEE RTSVC
```

3 항공사 LINK LEVEL

항공사 Link Level이란?

GDS와 항공사 간의 작업처리 방식에 대한 협정에 따라 Level 차이를 나타낸 것으로 예약가능한 항공편 조회 시 Access Level별 표시를 나타낸 것이다.

1) 항공사별 ACCESS LEVEL 조회

GGPCALACC

```
> GGPCALACC
                         GGPCALACC           EN  10SEP16 0130Z
AMADEUS PARTICIPATING CARRIERS : ACCESS LEVEL
FOR DECODING OF ACCESS LEVEL ENTER   GP1
                              ACC LSA     DYN NUM
CC  CARRIER NAME               IND IND AAS SCH AVL ADA DIR STD
--- ----------------------- -----------------------------------
AA  AMERICAN AIRLINES           .   /  YES         YES YES
AB  AIR BERLIN                 /   /  YES YES YES YES
AC  AIR CANADA                 /   /  YES YES YES YES YES
AD  AZUL LINHAS AEREAS B        .   /  YES         YES
AE  MANDARIN AIRLINES          /   /  YES YES YES YES
AF  AIR FRANCE                 /   /  YES YES YES
AH  AIR ALGERIE                 .      YES             YES
AI  AIR INDIA LIMITED          /   /  YES YES YES YES YES
AK  AIRASIA SDN BHD            -
AM  AEROMEXICO                 /   /  YES YES     YES YES
AN  HOP AIRLINAIR              /   /  YES YES YES
AR  AEROLINEAS ARGENTINA       /   /  YES YES YES YES YES
AS  ALASKA AIRLINES            /   /  YES YES YES YES YES
AT  ROYAL AIR MAROC            /   /  YES YES YES YES
```

2) 종류 및 특징

종류	특징
STANDARD ACCESS (BLANK)	① 가장 낮은 LEVEL ② 스케줄과 좌석 수 모두 업데이트되지 않음(실시간 조회 아님) ③ HK라 하더라도 항공사에서 12H 이내 REJECT 할 수 있음 (승객에게 12H 이내에 확정 INFO 주면 안 됨, 12H 이후에 줄 것) ④ ET 이후 항공사에 MSG 전송 ⑤ AN10JANYVRYXT/AWS → SS1Y1 → SS1 → ER → HK1 GGPCAWS→ "ACCESS INDICATOR"가 BLANK 처리되어 있음
DIRECT ACCESS (*)	① 항공사에서 REJECT하지 않음, CFM된 좌석은 확실 ② SKD과 좌석 수 실제로 조회 가능 ③ D/A AVAILABILITY 조회 - 공통 : 기본 AVAILABILITY 조회 ACL1(1:LINE 번호) AN10JANICNKUL/AMH ACL1(D/A로 요청) 1) HE DIR MH 2) MS022 3) 1MHAD19JANICNKUL(21번 AVAILABILITY부터 조회됨) ※ D/A 조회 요청 후 LINK 시간은 3분간 지속됨, 3분 경과 시 재조회 필요 ④ D/A는 하나의 LEVEL이라기보다는 하나의 방법이라고 볼 수 있음 MH는 ACCESS SELL LEVEL이지만 D/A 요청 가능 ⑤ LEVEL이 높은 항공사라면 D/A ENTRY 사용할 필요 없음
ACCESS UPDATE(1) (:)	① SKD은 업데이트되나 좌석 수는 업데이트되지 않음(좌석은 정확하지 않음) SSIM(STANDARD SCHEDULE INTERCHANGE MESSAGE) ③ 예약 후 항공사에서 REJECT 가능
ACCESS UPDATE(2) (:)	① UPDATE 1(스케줄 업데이트) + LAST SEAT AVAILABILITY ② 좌석 판매 후 REJECT 될 가능성은 낮지만 여전히 판매 형태는 STANDARD ACCESS와 같음 ③ AN10JANANCDLG/AKS : 좌석 수가 모두 "4"로 표시, KS는 ACCESS UPDATE 1에 해당 GGPCAKS : LAST SEAT AVAIL INDIC : BLANK 표시, UPDATE 1에 해당 GGPCAOS : LAST SEAT AVAIL INDIC : "/" UPDATE 2에 해당

종류	특징
ACCESS SELL (.)	① SKD과 좌석 수 모두 업데이트되지 않음 ② 좌석 있을 경우 : DK-〉 HK로 예약됨 ③ PNR을 저장하기 이전에 구간 예약 즉시 CFM됨 ④ AVAILABILITY 조회 시, ACCESS SELL 항공사의 좌석이 있다면 바로 CFM됨(REJECT 가능성 전혀 없음) ⑤ 좌석을 정확히 조회하기 위해 DYNAMIC AVAILABILITY를 이용해야 함 ※ POLLING 방식: 선택해서 마켓별로 지원하는 방식 • AN10JANPEKSYD/ACA • CA 항공사는 DYMAMIC AVAILABILITY 지원하지 않는 항공사임(우측 도시 왼쪽에 "/" 표시 없음) • GG PCA CA : LAST SEAT AVAIL INDIC : "/" BUT, AVAILABILITY 화면에서는 LAST SEAT 지원 안 됨. GG 페이지와 AVAILABILITY 불일치 강사 의견 : 시스템 에러인 것 같다고 함. GG 페이지가 더 정확
FULL ACCESS (1)(/)	① ACCESS UPDATE 1과 결합 ② 스케줄 업데이트됨, LAST SEAT은 불가 ③ 판매 후 ACCESS SELL과 동일 ④ HK 후 바로 CFM 안내 가능
FULL ACCESS (2)(/)	① 스케줄 업데이트 확인 가능, 좌석 업데이트 확인 가능 ② 판매 후 HK면 CFM ③ 가장 높은 ACCESS LEVEL

※ FULL ACCESS는 조회 시 : ACCESS UPDATE에 해당 예약 후 : ACCESS SELL에 해당

4 종류별 정확성 순서

1) Standard Access( ) : 12시간 내 Reject 가능
   Last Seat Availability 조회 불가

2) Direct Access Level(*) : 직접 항공사 System과 접속하여 조회
   업데이트된 스케쥴/Availability 조회 가능
   12시간 내 Reject 가능

3) Amadeus Access Update(:) : Real Time Update
   좌석 수 재확인 필요

4) Amadeus Access Sell(.) : 좌석 판매 후 Polling을 통해 좌석이 있으면 확약

5) Full Access(/) : Real Time Update Last Seat Availability 조회 불가

연습문제

1. 아래 화면의 번호를 설명하라.

```
> AN19SEPCDGLAX ①

AN19SEPCDGLAX
** AMADEUS AVAILABILITY - AN ** LAX LOS ANGELES.USCA    284 FR     19SEP 0000②
 1AF:DL8395  F6 P6 A6 J9 C9 D9 I9 /CDG2E LAX B  1030  1305  E0/388        11:35
             Z9 W9 Y9 B9 M9 S9 H9 Q9 K9 L9 U9 T0 X0 V0
 2AF:DL8508  F3 P3 A3 J9 C9 D9 I9 /CDG2E LAX 2  1335  1605  E0/772        11:30
             Z9 W0 Y9 B9 M9 S9 H9 Q9 K9 L0 U0 T0 X0 V0
 3 ③TN 007 ④ J4 C4 D4 Z4 I4 Y4 M4  CDG2A LAX B  1910  2210  E0/343       12:00
              K4 H4 T4 L4 V4 W4 Q4 S4 O4 B4
 4KL:DL9430  J9 C9 D0 I0 Z0 Y9 B9 /CDG2F AMS    1020  1140  E0/737  TR
             M9 S9 H9 Q9 K9 L9 U9 T9 X9 V9
  KL:DL9298  J9 C9 D0 I0 Z0 Y9 B9 /AMS  LAX⑤ 2  1240  1440  E0/74M       13:20
             M9 S9 H9 Q0 K0 L0 U0 T0 X0 V0
 5AF:DL8400  J9 C9 D9 I9 Z9 W0 Y9 /CDG2F AMS ⑥  0720  0840  E0/321  TR
             B9 M9 S9 H9 Q9 K9 L9 U9 T9 X9 V9
  KL:DL9378  J9 C9 D9 I0 Z0 Y9 B9 /AMS  LAX 2   0950  1155  E0/747       13:35
             M9 S9 H9 Q9 K0 L0 U0 T0 X0 V0
 6BA:AA6559  J7 R7 D7 I0 Y7 B7 H7 /CDG2A LHR 5  1215  1230  E0.319  TR
             K7 M7 V0 L0 S0 N0 Q0 G0 O0
    AA 137  F7 A0 P7 J7 R7 D7 I7 /LHR 3 LAX 4   1400  1715  E0.77W ⑦    14:00⑧
            Y7 B7 H7 K7 M7 V7 L7 S7 N7 Q7 G7 O7
```

2. Married Segment란 무엇인지 설명하라.

3. Married Segment에서 Booking Class가 다른 좌석을 예약하는 Entry를 써라.
(1번 M Class, 2번 K Class, 승객 1명)

4. 뉴욕이 12시일 때 런던은 몇 시인가?

5. 12월 20일 인천-런던 구간 대한항공으로 예약가능한 항공편을 조회하는 Entry?

6. 11월 20일 서울-홍콩, 11월 30일 홍콩-서울 구간 대한항공 M Class로 왕복여정을 작성하는 Entry를 써라.

Chapter 4

예약기록(PNR)의 작성

1 PNR(Passenger Name Record)의 뜻과 구성요소

1) PNR이란?

PNR은 항공기 좌석을 예약하고 시스템을 통해서 부여 받는 고객의 예약번호이다. 예약번호로 고객의 정보를 입력하고 수정하며 고객의 예약기록을 관리한다. 예약번호를 부여 받기 위해서는 다음과 같은 구성요소가 필요하며 각 요소의 주의사항을 지켜 입력해야 한다.

2) PNR의 구성요소

PNR을 구성하는 기본적인 정보의 각 부분을 Elements라고 하며, 기본요소는 PRINT(전화번호, 의뢰자, 여정, 이름, 발권구입시한)로 5가지 필수 요소가 있다. 이 외에도 승객의 편의와 업무에 효율을 높이기 위한 정보 입력 요소들이 있으며, 각각의 Elements별로 정해진 형식에 따라 작성해야 한다.

Elements	용도	입력 Entry
Name	승객의 성명 및 Title	NM1LEE/JONGSUK MR
Itinerary	항공/비항공 여정	SSKE901Y15JULICNCDG1
Phone	전화번호	AP-02-123-4567
Ticket arrangement	TKT 발권 시한 등	TKTL04DEC TKXL04DEC TKOK
Received From	예약 작성자, 변경 의뢰자	RF PSGR
OS	항공사 전송 각종 INFO	OS VIP PSGR
SR	여정관련 서비스 요청사항(Meal 등)	SRVGML

2 PNR 작성과 완료

PNR 작성이란?

예약을 완성하기 위해 필요한 요소들을 입력하고 완성된 내용을 토대로 시스템을 통해 예약번호를 부여 받기 위해 각 Element별 주의사항을 지켜서 입력한다. 입력의 순서와 상관없이 모든 Elements는 순서대로 배열되며 예약은 마지막 여정의 출발일 이후 3일 동안 조회가 가능하고 PNR은 탑승 후 과거 3년까지 PNR 조회가 가능하다. 한 개의 PNR에는 최대 999 Element 입력이 가능하다.

1) 성명(NAME ELEMENT)

항공예약을 위해 승객의 이름은 가장 기본이 되는 요소이며 아래와 같은 주의사항을 지켜 입력하여야 한다.

■ 성명 작성 시 주의사항

① 타인 또는 대리인의 성명을 대신 입력할 수 없다.
② 이름은 여권에 있는 영문으로 Full Name을 기재하며 외국인/내국인에 상관없이 성(Last Name)을 먼저 기입한다.
③ 각 SEG별 요청 좌석 수와 승객의 이름 수가 반드시 일치해야 한다.
④ 성명 뒤에는 성별 또는 신분에 맞는 적절한 Title을 기입한다.
⑤ 유/소아 성명 입력 시 반드시 나이도 함께 입력하며 유아(Infant)는 첫 번째 승객으로 입력할 수 없다.
⑥ 1개의 PNR에는 성인 99명까지의 성명 입력이 가능하다.

■ 승객의 유형과 Title

성별에 따른 Title		신분에 따른 Title	
MR	성인 남자	PROF	Professor
MS	성인 여자(기/미혼)	CAPT	Captain(기장 또는 선장)
MRS	성인 여자(기혼)	DR	Doctor(반드시 의사)
MISS	유/소아 여자	REV	Reverend(성직자)
MSTR	유/소아 남자		

① 성인 승객

가) 기본 ENTRY(NM)

NM1 NA/SUNGINMR

ENTRY	설명
NM	성명 기본지시어
1	승객 수
NA	성
/	성과 이름 구별 지시어
SUNGIN	이름
MR	Title

```
> NM1NA/SUNGINMR

RP/SELK1394Z/
  1.NA/SUNGINMR
```

나) 동일 성을 가진 승객 이름 동시 입력

NM2 NA/MOMOMR/MINAMS

```
> RP/SELK1394Z/
  1.NA/MOMOMR   2.NA/MINAMS
*TRN*
```

다) 승객 2명 이상의 성명을 동시에 입력

NM1 NA/SUNGINMR1HONG/GILDONGMR

```
> NM1NA/SUNGINMR 1HONG/GILDONGMR

RP/SELK1394Z/
  1.NA/SUNGINMR   2.HONG/GILDONGMR
```

② 소아 승객(만 2세 이상~만 12세 미만)

NM1 NA/SOAMSTR(CHD/05MAY15)

(소아 생년월일 입력)

```
> NM1NA/SOAMSTR(CHD/05MAY10)

RP/SELK1394Z/
  1.NA/SOAMSTR(CHD/05MAY10)
```

③ 유아 승객(만 2세 미만)

가) 유아 성이 보호자와 동일한 경우

NM1 NA/SUNGINMR(INF/BABYMSTR/25DEC18)

ENTRY	설명
NM	성명 입력 지시어
1	승객 수
NA/SUNGIN MR	보호자 성명
( )	INFANT 입력 지시어
INF	유아 표시
/	구분 표시
DUNGDAL MSTR	유아 이름과 타이틀
/	이름과 생년월일 구분
25DEC16	INF 생년월일

```
> NM1 NA/SUNGINMR(INF/BABYMSRT/25DEC18)

RP/SELK1394Z/
  1.NA/SUNGINMR(INF/BABYMSRT/25DEC17)
```

나) 유아 성이 보호자와 동일하지 않은 경우

NM1 NA/SUNGINMR(INFJUNG/HYEINMSTR/05MAY19)

ENTRY	설명
NM	성명 입력 지시어
1	승객 수
NA/SUNGMR	보호자 성명과 타이틀
(　　)	INFANT 입력 지시어
INF	유아 표시
KIM	유아 성
/	성과 이름 구분
MIMI MISS	유아 이름과 타이틀
/	이름과 생년월일 구분
05MAY16	유아의 생년월일

```
> NM1 NA/SUNGINMR (INFJUNG/HYEINMSTR/05MAY19)

RP/SELK1394Z/
  1.NA/SUNGINMR(INFKIM/MIMIMISS/05MAY16)
```

④ 기타

가) 성인 승객 입력 후 해당 성인 승객에게 유아를 추가하는 경우

1/(INF/BABYMSTR/05MAY19)

```
RP/SELK1394Z/
  1.NA/SUNGINMR   2.LEE/JONGSUKMR
*TRN*

> 1/(INF/BABYMSTR /05MAY16)

RP/SELK1390I/
  1.NA/SUNGINMR(INF/BABY MSTR/05MAY16)   2.LEE/JONGSUKMR
```

나) 입력한 유아 승객을 삭제하는 경우

1/(유아와 연결된 승객번호 뒤에 /)

```
RP/SELK1394Z/
  1.NA/SUNGINMR(INF/BABY MSTR/05MAY19)   2.LEE/JONGSUKMR

> 1/

RP/SELK1394Z/
  1.NA/SUNGINMR   2.LEE/JONGSUKMR
```

2) 여정(ITINERARY ELEMENT)

① 여정이란?

승객의 여행을 위한 모든 구간의 일정을 의미하며 항공 일정을 포함하여 Hotel, Rent-a-Car 등을 모두 합하여 여정(Itinerary)이라 한다. 여정은 아래와 같이 3가지로 구분한다.

가) 항공여정(Air Segment)

승객이 비행편을 이용하여 한 지점에서 다른 지점으로 이동하는 여정

나) 부대여정(Auxiliary Segment)

승객의 여행과 관련된 항공여정을 제외한 기타 예약구간으로 Hotel, Rend-a-Car, 기타 교통편의 예약 등이 이에 속한다. 부대 여정은 항공편 예약에 따르는 부수적인 서비스이므로 항공여정 없이 부대여정만으로는 PNR 작성이 불가능하다.

다) 비항공운송구간(ARNK : Arrival Unknown)

항공편 이외의 운송수단으로 여행하는 구간(Surface)을 나타내기 위해 사용된다.

② 여정 작성방법

가) Availability를 이용한 여정 작성

AN20DECSELNYC

```
> AN20DECSELNYC

AN20DECICNJFK
** AMADEUS AVAILABILITY - AN **JFK JOHN F KENNEDY.USNY 349 WE 20DEC    0000
 1   KE 081  R9 A4 J9 C9 D9 I9 Z9 /ICN   JFK 1  1000    1000  E0/388    14:00
             Y9 B9 M9 H9 E9 L9 K9 Q9 GR
 2   OZ 222  P9 F9 A9 J9 C9 D9 Z9 /ICN   JFK 4  1100    1100  E0/388    14:00
             U9 Y9 B9 M9 H9 E9 Q9 K9 S9 V9 L9 W9 T9 GR
 3   KE 085  R5 A2 J9 C9 D9 I9 Z9 /ICN   JFK 1  1930    1930  E0/74H    14:00
             Y9 B9 M9 H9 E9 L9 K9 Q9 GR
 4DL:KE7273  J9 C9 D9 I9 Y9 B9 M9 /ICN   DTWEM  1215    1215  E0/744
             H9 E9 K9 Q9 T9
  DL:OK3031  J9 C9 D9 Y9 M9 B9 H9 /DTWEM JFK 2  1535    1734  E0/CR9    19:19
             K9 T9 A9 L9 X9 Q9 U9 V9 N9 S9 W9
 5   OZ 204  J9 C9 D9 Z9 U9 Y9 B9 /ICN   LAX B  2020    1415  E0/388
             M9 H9 E9 Q9 K9 S9 V9 LL W9 TL GR
     HU8907  F9 C9 D9 I9 Y9 B9 H9  LAX   JFK    1700    0136+1E0.32B    19:16
             K9 L9 M9 X9 W9 U9 T9 S9
 6   MU5052  F0 P0 J9 C9 D9 I9 W0 /ICN   PVG 1  0855    0950  E0.332
             Y9 B9 M9 E9 H9 K9 L9 N9 R9 S0 V0 T0 G0 Z9 Q0
     MU 587  F9 P0 J9 C0 D0 I0 Y9 /PVG 1 JFK 1  1130    1425  E0.773    19:30
             B0 M0 E0 H0 K0 L0 N0 R0 S0 V0 T0 G0 Z0 Q0
```

예약가능한 좌석요청 방법

SS2Y1

ENTRY	설명
SS	기본지시어
2	요청 좌석 수
Y	Booking
1	Line Number

■ 응답화면

```
> SS2Y1
--- SFP ---
RP/SELK1394Z/
  1  KE 081 Y 20DEC 3 ICNJFK HK2  1000 1000  20DEC  E  0 388 LM
     SEE RTSVC
```

■ Availability 화면 이해

1	Segment No. 생성
KE081	비행편
Y	요청한 Booking Class
20DEC	출발일
ICNJFK	출발지 도착지
HK2	상태코드(HK : Confirm HL : Waiting)
1000 1000	출발시간 도착시간
388	기종
E	E TKT 가능
0	경유지(0 : 없음, 1 : 1번 경유)

나) 연결편(Connection FLT)인 경우

- 동일한 BOOKING CLASS 사용

SS1Y2 (첫 번째, 두 번째 Flight 동일한 Class로 예약)

```
> SS1Y2
RP/SELK1394Z/
  1  CX 421 Y 20OCT 5 ICNTPE DK1  0915 1055  20OCT  E  0 772 B
     SEE RTSVC
  2  KA5421 Y 20OCT 5 TPEHKG DK1  1155 1355  20OCT  E  0 772 R
     OPERATED BY CATHAY PACIFIC
     SEE RTSVC
```

• 동일하지 않은 BOOKING CLASS 사용

SS1YM2 (2번 Line 중 첫 번째 줄 Y Class, 두 번째 줄 M Class)

```
> SS1YM2

RP/SELK1394Z/
  1  CX 421 Y 20OCT 5 ICNTPE DK1  0915 1055  20OCT  E  0 772 B
     SEE RTSVC
  2  KA5421 M 20OCT 5 TPEHKG DK1  1155 1355  20OCT  E  0 772 R
     OPERATED BY CATHAY PACIFIC
     SEE RTSVC
```

다) DIRECT SEGMENT 방식을 이용한 여정 작성

예약하고자 하는 구간의 항공편을 알고 있을 경우 예약가능한 항공편을 조회하지 않고 직접 항공사, 편수, 날짜 등을 입력하여 좌석을 요청하는 방법이다.

• SHORT SELL ENTRY (일반적인 방법)

AN20JANICNLON/AKE → SS1K1

■ 예약가능한 항공편 조회

```
> AN20JANICNLON/AKE

AN20JANICNLON/AKE
** AMADEUS AVAILABILITY - AN ** LON LONDON.GB              22 FR 20JAN 0000
 1   KE 907  R8 A2 J9 C9 D9 I9 Z8 /ICN   LHR 4  1300   1630  E0/77W     12:30
             Y9 B9 M9 S9 H9 E9 K9 L9 U9 Q9 N9 T9 GR
```

■ 좌석요청

```
> SS1K1

RP/SELK1394Z/
  1  KE 907 K 20JAN 5 ICNLHR DK1  1300 1630  20JAN  E  0 77W LD
     SEE RTSVC
```

• LONG SELL ENTRY (DIRECT SEGMENT ENTRY)

SSKE905Y20JULSELFRA2

```
> SSKE905Y20JULICNFRA2

RP/SELK1394Z/
  1  KE 905 Y 20JUL 4 ICNFRA DK2  1330 1740  20JUL  E  0 74H LD
     SEE RTSVC
```

라) 다양한 구간 예약(SPECIAL SEGMENT)

예약가능한 항공편의 예약 이외에도 고객의 요청 또는 항공권의 발권을 위해 다양한 구간 예약을 하는 경우가 발생한다.

- 미확정 구간의 예약(OPEN SEGMENT) : 승객의 여정이 미확정된 경우는 미확정 구간의 예약을 함으로써 구간의 연속성을 맞춰준다.

SOKEYFRAICN (SO : 기본지시어)

```
> SO KE Y FRAICN
RP/SELK1394Z/
  1  KE 905 Y 20JUL 4 ICNFRA DK2  1330 1740  20JUL  E  0 74H LD
     SEE RTSVC
  2  KEOPEN Y          FRAICN
```

- 비항공운송구간 : ARRIVAL UNKNOWN SEGMENT(SI ARNK)

여정의 공간적 연속성을 맞추기 위해 사용하며 입력하지 않을 경우 ERROR MSG가 발생하지만 ER을 다시 한 번 지시하면 예약은 가능하다. 하지만 예약 변경 시 'WARNING: CHECK SEGMENT CONTINUITY - SEGMENT 2/3'라는 ERROR가 계속 발생하므로 처음부터 입력하는 것이 바람직하다.

SI ARNK

ENTRY	설명
SI	기본지시어
ARNK	비항공운송구간

```
--- SFP ---

RP/SELK1394Z/
  1  KE 081 Y 20JAN 5 ICNJFK DK1  1000 1000  20JAN  E  0 388 LM
     SEE RTSVC
  2  ARNK
  3  KE 018 Y 25JAN 3 LAXICN DK1  1100 1740  26JAN  E  0 388 LD
     SEE RTSVC
```

3) 전화번호(Contact ELEMENT)

전화번호는 PNR작성의 필수 ELEMENT로 예약지점인 여행사(항공사) 전화번호를 먼저 입력한다. 이 후 승객을 지정한 휴대폰, 회사 등의 연락처도 입력 가능하며 하나의 PNR에는 2개 이상의 전화번호를 입력할 수 있다.

① 전화번호 입력 기본 형식

AP-02-123-5678 : 여행사 전화번호 또는 APA 02-123-4567

② 추가 지시어

ENTRY	설명
APH-	집(HOME) 전화번호
APM-	핸드폰(MOBILE) 번호
APB-	사무실(BUSINESS) 전화번호
APE-	이메일(EMAIL) 주소
APF-	팩시밀리(FAX) 번호
AB	주소(BILLING ADDRESS)
AM	우편 주소(MAILING ADDRESS)

```
RP/SELK1394Z/
  1 AP A02-123-4567 KB TRAVEL
  2 AP B 02-4560-7891
  3 AP E HAPPY@DAUM.NET
  4 AP F 02-567-8901
  5 AP H 02-234-5678
  6 AP M010-6361-1234
  7 AB #425, KYUNGBOK DAERO, NAMYANGJU-CITY, KYUNGGI-DO
```

■ 전화번호 수정

2/02-726-5555-H

```
>2/02-726-5555-H
RP/SELK1394Z/
  1 AP A02-123-4567 KB TRAVEL
  2 AP 02-726-5555-H
  3 AP E HAPPY@DAUM.NET
  4 AP F 02-567-8901
  5 AP H 02-234-5678
  6 AP M010-6361-1234
  7 AB #425, KYUNGBOK DAERO, NAMYANGJU-CITY, KYUNGGI-DO
```

4) 항공권 구매(Ticket Arrangment ELEMENT)

항공권 관련사항은 항공예약에 따른 항공권 내용 또는 구입시기를 입력하는 것으로 좌석의 유실을 방지하기 위해 항공예약 시 입력한다.

① 항공권 구입 예정 시기 입력

TKTL 20FEB/1200

ENTRY	설명
TK	기본지시어
TL	항공권 발권 시간(Ticket Limit)
20FEB	날짜
1200	시간

```
> TKTL/20FEB/1200

RP/SELK1394Z/
  1 TK TL20FEB/1200/SELK1394Z
```

② TK OK 19DEC(PNR에 항공권 번호가 있는 경우)

③ TK XL 19DEC / 1200(기한 내 발권하지 않을 경우 예약이 자동취소된다.)

5) 예약 요청정보(Received From ELEMENT)

RF PAX

ENTRY	설명
RF	기본지시어(Received From)
PAX	자유형식으로 작성하지만 성명기입 시(단, / 사용불가)

```
> RFPAX

RP/SELK1394Z/
RF PAX
```

6) 예약의 완성

예약의 완성이란 항공예약을 위해 필요한 Element를 입력하고 예약번호를 부여받는 것이다. 예약이 성공적으로 Main Computer로 전송되면 예약은 완성된다.

성공적으로 예약이 수행되면 8자리의 숫자로 된 Topas Sell Connect의 예약번호와 6자리의 알파벳과 숫자가 조합된 Amadeus 예약번호가 동시에 생성된다.

예약자가 고객의 항공예약에 관련된 각 요소를 잘 입력하고 Main Computer로 보내는 것을 END OF TRANSACTION이라고 한다.

① 입력된 예약상황 전송

ET (END OF TRANSACTION)

```
--- SFP ---
RP/SELK1394Z/
  1.YOO/SOOYOUNGMS
  2  KE 111 Y 20JAN 5 ICNGUM DK1  1935 0050  21JAN  E  0 333 D
     CABOTAGE SECTOR
     SEE RTSVC
  3  KE 112 Y 30JAN 1 GUMICN DK1  0230 0615  30JAN  E  0 333 B
     CABOTAGE SECTOR
     SEE RTSVC
  4 AP A02-123-4567 KB TOURISM MS,CHOI
  5 AP M010-1111-2222
  6 TK OK28DEC/SELK1394Z

> ET
Executing File Finishing...

> ET

RANDOM RESERVATION NUMBER RECOMMENDED:6273-9306
WARNING: KE REQUIRES TICKET ON OR BEFORE 02JAN:1900/S2-3
```

② END OF TRANSACTION과 REDISPLAY의 동시작업

EOT(End of Transaction) 후에 PNR은 Main Computer에 보관이 되고 이는 다시 해당 PNR Address를 이용하여 Display할 수 있다. ER 지시어를 사용하여 성공적으로 예약이 수행되면 Name Field 위에 Booking Office 및 Date 그리고 PNR Address가 나타나 있다.

대부분의 경우 예약직원은 PNR을 완성하면서 다시 Display하여 재확인할 때 사용하는 지시어이다.

ER (End of Transaction and Redisplay)

```
> ER
Executing File Finishing...


> ER
RANDOM RESERVATION NUMBER RECOMMENDED:5757-3450
*TRN*



> ER
--- RLR ---
RP/SELK1394Z/SELK1394Z          AA/GS  28DEC16/0723Z   372SKH
5757-3450
  1.KIM/ADULTMS
  2  JL 954 Y 10OCT 2 ICNNRT HK1  1045 1310  10OCT  E  JL/372SKH
  3  JL 959 Y 15OCT 7 NRTICN HK1  1835 2130  15OCT  E  JL/372SKH
  4 AP A02-123-4567 KBU TOURISM MS,CHOI
  5 AP M010-2222-9999
  6 TK OK28DEC/SELK1394Z
  7 SK RESTRICTED
```

③ 예약상황 자동 정리

ETK/ERK

예약 완료 후 또는 항공기 상태의 변화에 따라 KK/PN/WK/SC와 같은 코드가 생성될 때 자동으로 정리할 때 사용한다.

연습문제

1. 다음 중 성명 작성 중 틀린 것은?

① 유아는 항상 첫 번째 승객으로 입력한다.
② 성명 뒤에는 성별 또는 신분에 맞는 Title을 기입한다.
③ 유/소아의 이름을 입력할 때 나이도 함께 입력한다.
④ 타인 또는 대리인의 이름을 잠정적으로 대신 입력하는 것은 불가능하다.

2. 승객의 유형에 따라 성인, 소아, 유아를 구분하는 기준을 작성하라.

3. 동일한 성을 가진 승객 이름을 동시에 입력하는 방법을 써라.

4. 전화번호 작성에 관한 내용이다. 틀린 것은?

① 첫 번째 전화번호는 승객의 휴대폰 번호를 입력한다.
② 전화번호는 PNR 작성할 때 반드시 작성되어야 하는 Element이다.
③ 하나에 PNR에는 필요에 따라 2개 이상의 전화번호가 입력될 수 있다.
④ 첫 번째 전화번호는 대리점(여행사) 연락처를 입력하는 것이 좋다.

5. 두 번째 승객의 집 전화번호를 입력하는 Entry를 써라.

6. ARNK에 관한 설명으로 바른 것은?

① 항공편 이외의 다른 운송수단으로 여행하는 구간을 나타낸 것이다.
② 승객이 비행편을 이용하여 한 지점에서 다른 지점으로 이동하는 여정이다.
③ 승객의 여정 중 항공여정을 제외한 Hotel, Rend-a-Car 등 부대예약이다.
④ 항공여정 없이 부대여정만으로는 PNR 작성이 불가능하다는 표시이다.

7. 여정 작성 시 첫 번째 스케줄 M Class로 2좌석을 요청하는 Entry는?

8. 연결편 여정작성 시 3번째 Line의 첫 번째 여정은 M Class로 두 번째 여정은 K Class로 2좌석을 요청하는 Entry는?

9. 9월 30일 SEL-FRA 구간 대한항공 905편, Y CLASS 1 좌석을 Direct Segment로 요청하는 Entry는?

① SSKE905Y30SEPSELFRA1
② KE905Y30SEPSELFRASS1
③ 0KE905Y30SEPSELFRA1
④ KE905Y30SELSELFRA001

10. Direct Segment에서 아래 "2"는 무엇을 의미하는가?

SSKE618Y30SEPSELHKG**2**

11. 승객의 여정이 미확정되어 구간의 연속성을 맞추기 위해 OPEN으로 예약하려고 한다. 올바른 Entry는?

5월 10일 / 대한항공 / 런던- 인천 / Y CLS

① SOKEY10MAYLONICN

② SAKEY10MAYLONICN

③ RQKE10MAYLONICN

④ NNKE10MAYLONICN

12. 12월 19일 12시까지 발권하고자 할 때 TL을 입력하는 ENTRY는?

13. Mr. Jo Insung의 요청에 의해 항공예약을 받았다. Received From 입력 지시어는?

14. 예약을 완료 후 동시에 PNR을 조회하는 명령어는?

① ER

② ET

③ ETK

④ ERK

3 PNR 수정과 삭제

1) PNR 수정

PNR 수정은 재예약(Rebooking)이라고도 하며 예약번호가 있는 예약 중 일부 수정사항이 생겼을 때 사용한다.

① BOOKING CLASS 변경

■ Original PNR

```
--- RLR SFP ---
RP/SELK1394Z/SELK1394Z          AA/SU  29DEC16/0544Z   373VAY
8698-2797
  1.YOO/SOOYOUNGMR
  2  KE 081 M 20FEB 1 ICNJFK HK1  1000 1000  20FEB  E  KE/373VAY
  3  AA 255 Y 25FEB 6 JFKLAX HK1  1000 1340  25FEB  E  AA/
  4  KE 018 M 01MAR 3 LAXICN HK1  1100 1740  02MAR  E  KE/373VAY
  5 AP A02-123-4567 KB TOURISM MS.CHOI
  6 TK OK29DEC/SELK1394Z
  7 OPW SELK1394Z-11JAN:1900/1C7/KE REQUIRES TICKET ON OR BEFORE
        12JAN:1900/S2,4
  8 OPC SELK1394Z-12JAN:1900/1C8/KE CANCELLATION DUE TO NO
        TICKET/S2,4
```

SB Y2

Entry	설명
SB	기본지시어(Should Be)
Y	변경하고자 하는 Booking Class
2	변경하고자 하는 여정의 번호

```
> SBY2

--- RLR SFP ---
RP/SELK1394Z/SELK1394Z          AA/SU  29DEC16/0544Z   373VAY
8698-2797
  1.YOO/SOOYOUNGMR
  2  KE 081 Y 20FEB 1 ICNJFK DK1  1000 1000  20FEB  E  0 388 LM
     SEE RTSVC
  3  AA 255 Y 25FEB 6 JFKLAX HK1  1000 1340  25FEB  E  AA/
  4  KE 018 M 01MAR 3 LAXICN HK1  1100 1740  02MAR  E  KE/373VAY
  5 AP A02-123-4567 KB TOURISM MS.CHOI
  6 TK OK29DEC/SELK1394Z
  7 OPW SELK1394Z-11JAN:1900/1C7/KE REQUIRES TICKET ON OR BEFORE
       12JAN:1900/S4
  8 OPC SELK1394Z-12JAN:1900/1C8/KE CANCELLATION DUE TO NO
       TICKET/S4
```

② DATE 변경

SB 10MAR4

Entry	설명
SB	기본지시어(Should Be)
10MAR	변경하고자 하는 날짜
4	변경하고자 하는 여정의 번호

```
> SB 10MAR 4
--- RLR SFP ---
RP/SELK1394Z/SELK1394Z          AA/SU  29DEC16/0544Z   373VAY
8698-2797
  1.YOO/SOOYOUNGMR
  2  KE 081 Y 20FEB 1 ICNJFK DK1  1000 1000  20FEB  E  0 388 LM
     SEE RTSVC
  3  AA 255 Y 25FEB 6 JFKLAX HK1  1000 1340  25FEB  E  AA/
  4  KE 018 M 10MAR 5 LAXICN DK1  1100 1740  11MAR  E  0 388 LD
     SEE RTSVC
  5 AP A02-123-4567 KB TOURISM MS.CHOI
  6 TK OK29DEC/SELK1394Z
```

③ 항공편 재예약

SB KE012*4

Entry	설명
SB	기본지시어(Should Be)
KE012	변경하고자 하는 항공편
*4	변경하고자 하는 여정의 번호

```
> SB KE012*4

--- RLR SFP ---
RP/SELK1394Z/SELK1394Z          AA/SU  29DEC16/0544Z   373VAY
8698-2797
  1.YOO/SOOYOUNGMR
  2  KE 081 Y 20FEB 1 ICNJFK DK1  1000 1000  20FEB  E  0 388 LM
     SEE RTSVC
  3  AA 255 Y 25FEB 6 JFKLAX HK1  1000 1340  25FEB  E  AA/
  4  KE 012 M 10MAR 5 LAXICN DK1  2330 0600  12MAR  E  0 388 BM
     SEE RTSVC
  5 AP A02-123-4567 KB TOURISM MS.CHOI
  6 TK OK29DEC/SELK1394Z
```

2) PNR 삭제

완성된 예약이 고객의 요청에 의해 수정되거나 삭제될 경우가 발생한다. TOPAS SELL CONNECT은 예약 시 모든 자료는 순서대로 번호가 주어지므로 취소는 각 부여된 번호를 삭제하면 된다.

■ 취소 방법

ENTRY	설명
XI	전체 여정 취소
XE1	1번 여정 취소
XE1,3	1번과 3번 취소(ELEMENTS 번호)
XE3-8	3번에서 8번까지 취소

■ Original PNR

```
--- RLR SFP ---
RP/SELK1394Z/SELK1394Z            AA/SU  29DEC16/0544Z   373VAY
8698-2797
  1.YOO/SOOYOUNGMR
  2  KE 081 M 20FEB 1 ICNJFK HK1  1000 1000  20FEB  E  KE/373VAY
  3  AA 255 Y 25FEB 6 JFKLAX HK1  1000 1340  25FEB  E  AA/DIBEZQ
  4  KE 018 M 01MAR 3 LAXICN HK1  1100 1740  02MAR  E  KE/373VAY
  5 AP A02-123-4567 KB TOURISM MS.CHOI
  6 TK OK29DEC/SELK1394Z
  7 OPW SELK1394Z-11JAN:1900/1C7/KE REQUIRES TICKET ON OR BEFORE
      12JAN:1900/S2,4
  8 OPC SELK1394Z-12JAN:1900/1C8/KE CANCELLATION DUE TO NO
      TICKET/S2,4
```

■ 전체 여정 취소

XI

```
> XI

--- RLR ---
RP/SELK1394Z/SELK1394Z            AA/SU  29DEC16/0544Z   373VAY
8698-2797
  1.YOO/SOOYOUNGMR
  2 AP A02-123-4567 KB TOURISM MS.CHOI
  3 TK OK29DEC/SELK1394Z
```

■ 부분 취소(연속번호 취소)

XE5-6 (5-6번 취소)

```
> XE5-6

--- RLR SFP ---
RP/SELK1394Z/SELK1394Z          AA/SU  29DEC16/0544Z   373VAY
8698-2797
  1.YOO/SOOYOUNGMR
  2  KE 081 M 20FEB 1 ICNJFK HK1  1000 1000  20FEB  E  KE/373VAY
  3  AA 255 Y 25FEB 6 JFKLAX HK1  1000 1340  25FEB  E  AA/DIBEZQ
  4  KE 018 M 01MAR 3 LAXICN HK1  1100 1740  02MAR  E  KE/373VAY
  5 OPW SELK1394Z-11JAN:1900/1C7/KE REQUIRES TICKET ON OR BEFORE
       12JAN:1900/S2,4
  6 OPC SELK1394Z-12JAN:1900/1C8/KE CANCELLATION DUE TO NO
       TICKET/S2,4
```

■ 부분 취소(부분번호 취소)

XE2,4 (2번과 4번 취소)

```
> XE2,4

-- RLR SFP ---
RP/SELK1394Z/SELK1394Z          AA/SU  29DEC16/0544Z   373VAY
8698-2797
  1.YOO/SOOYOUNGMR
  2  AA 255 Y 25FEB 6 JFKLAX HK1  1000 1340  25FEB  E  AA/DIBEZQ
  3 AP A02-123-4567 KB TOURISM MS.CHOI
  4 TK OK29DEC/SELK1394Z
```

4 PNR 조회와 판독

1) PNR 조회

완성된 예약기록은 Main Computer에 보관되어 있다가 여정의 변경, 취소 또는 예약 재확인 등 다양한 이유로 조회한다. PNR을 조회하는 방법은 다음과 같다.

① PNR Address의 이용

RT373VAY 또는 RT8698-2797

ENTRY	설명	ENTRY	설명
RT	지시어	RT	지시어
373VAY	Amadeus 예약번호	8698-2797	Topas 예약번호

```
> RT8698-2797

--- RLR SFP ---
RP/SELK1394Z/SELK1394Z            AA/SU  29DEC16/0544Z   373VAY
8698-2797
  1.LEE/SUNMIMS
  2  KE 081 M 20FEB 1 ICNJFK HK1  1000 1000  20FEB  E  KE/373VAY
  3  AA 255 Y 25FEB 6 JFKLAX HK1  1000 1340  25FEB  E  AA/DIBEZQ
  4  KE 018 M 01MAR 3 LAXICN HK1  1100 1740  02MAR  E  KE/373VAY
  5 AP A02-123-4567 KB TOURISM MS.CHOI
  6 TK OK29DEC/SELK1394Z
  7 OPW SELK1394Z-11JAN:1900/1C7/KE REQUIRES TICKET ON OR BEFORE
        12JAN:1900/S2,4
  8 OPC SELK1394Z-12JAN:1900/1C8/KE CANCELLATION DUE TO NO
        TICKET/S2,4
```

```
> RT373VAY
--- RLR SFP ---
RP/SELK1394Z/SELK1394Z           AA/SU  29DEC16/0544Z   373VAY
8698-2797
  1.LEE/SUNMIMS
  2  KE 081 M 20FEB 1 ICNJFK HK1  1000 1000  20FEB  E  KE/373VAY
  3  AA 255 Y 25FEB 6 JFKLAX HK1  1000 1340  25FEB  E  AA/DIBEZQ
  4  KE 018 M 01MAR 3 LAXICN HK1  1100 1740  02MAR  E  KE/373VAY
  5 AP A02-123-4567 KB TOURISM MS.CHOI
  6 TK OK29DEC/SELK1394Z
  7 OPW SELK1394Z-11JAN:1900/1C7/KE REQUIRES TICKET ON OR BEFORE
       12JAN:1900/S2,4
  8 OPC SELK1394Z-12JAN:1900/1C8/KE CANCELLATION DUE TO NO
       TICKET/S2,4
```

② 승객의 Full Name으로 검색

RT/LEE/SUNMIMS-> RT2 (해당 LINE No.)

```
> RT/LEE/SUNMI

RT/LEE/SUNMI
  1 LEE/SUNMIMS          KE  113  Y  20JAN  ICNGUM   1 373WNQ
  2 LEE/SUNMIMS          KE  81   M  20FEB  ICNJFK   1 373VAY

 > RT2

--- RLR SFP ---
RP/SELK1394Z/SELK1394Z           AA/SU  29DEC18/0544Z   373VAY
8698-2797
  1.LEE/SUNMIMS
  2  KE 081 M 20FEB 1 ICNJFK HK1  1000 1000  20FEB  E  KE/373VAY
  3  AA 255 Y 25FEB 6 JFKLAX HK1  1000 1340  25FEB  E  AA/DIBEZQ
  4  KE 018 M 01MAR 3 LAXICN HK1  1100 1740  02MAR  E  KE/373VAY
  5 AP A02-123-4567 KB TOURISM MS.CHOI
  6 TK OK29DEC/SELK1394Z
  7 OPW SELK1394Z-11JAN:1900/1C7/KE REQUIRES TICKET ON OR BEFORE
       12JAN:1900/S2,4
  8 OPC SELK1394Z-12JAN:1900/1C8/KE CANCELLATION DUE TO NO
       TICKET/S2,4
```

③ 승객의 성명 중 일부만으로 검색

RT/GA → RT17 (해당 승객의 Line No.)

```
> RT/GA

 12 GA/HYESUN MS          KE  OPEN M         CTSICN   1 358F82
 13 GA/HYESUNMS           CX  415  B  25JAN  ICNHKG   3 35UNKS
 14 GA/HYESUNMS           NO ACTIVE ITINERARY           358FIH
 15 GA/JINAMS             NO ACTIVE ITINERARY           365LRK
 16 GA/JJA MR             KE  603  G  09JAN  ICNHKG  31 36HJZD
 17 GA/SOYULMS            KE  643  Y  10MAR  ICNSIN   1 373YJ7
 18 GA/NA                 NO ACTIVE ITINERARY           35ACWY
 19 GA/NADAMR             KE  657  G  15MAR  ICNBKK  15 35MWH4
 20 GA/NADA MS            NO ACTIVE ITINERARY           34647X
 21 GABC                  KE  701  G  01MAR  ICNNRT  15 35FI3U


> RT17

--- RLR ---
RP/SELK1394Z/SELK1394Z          AA/SU  29DEC18/0701Z   373YJ7
8894-8271
  1.GA/SOYULMS
  2  KE 643 Y 10MAR 5 ICNSIN HK1  1420 1955  10MAR  E  KE/373YJ7
  3  ARNK
  4  KE 660 Y 20MAR 1 BKKICN HK1  0950 1710  20MAR  E  KE/373YJ7
  5 AP A02-123-4567 KB TOURISM MS.CHOI
  6 AP M010-1234-5678
  7 TK OK29DEC/SELK1394Z
  8 OPW SELK1394Z-11JAN:1900/1C7/KE REQUIRES TICKET ON OR BEFORE
       12JAN:1900/S2,4
  9 OPC SELK1394Z-12JAN:1900/1C8/KE CANCELLATION DUE TO NO
       TICKET/S2,4
```

④ 출발일 및 승객 이름 이용

RT/10MAR-LEE/SUNMI

```
> RT/10MAR-GA/MOMO

--- RLR ---
RP/SELK1394Z/SELK1394Z          AA/SU  29DEC18/0701Z   373YJ7
8894-8271
  1.LEE/SUNMIMS
  2  KE 643 Y 10MAR 5 ICNSIN HK1  1420 1955  10MAR  E  KE/373YJ7
  3  ARNK
  4  KE 660 Y 20MAR 1 BKKICN HK1  0950 1710  20MAR  E  KE/373YJ7
  5 AP A02-123-4567 KB TOURISM MS.CHOI
  6 AP M010-1234-5678
  7 TK OK29DEC/SELK1394Z
  8 OPW SELK1394Z-11JAN:1900/1C7/KE REQUIRES TICKET ON OR BEFORE
       12JAN:1900/S2,4
  9 OPC SELK1394Z-12JAN:1900/1C8/KE CANCELLATION DUE TO NO
       TICKET/S2,4
```

⑤ 편명, 출발일 및 승객 이름 이용

RTKE643/10MAR-LEE/SUNMI

```
> RTKE643/10MAR-LEE/SUNMI

--- RLR ---
RP/SELK1394Z/SELK1394Z          AA/SU  29DEC18/0701Z   373YJ7
8894-8271
  1.LEE/SUNMIMS
  2  KE 643 Y 10MAR 5 ICNSIN HK1  1420 1955  10MAR  E  KE/373YJ7
  3  ARNK
  4  KE 660 Y 20MAR 1 BKKICN HK1  0950 1710  20MAR  E  KE/373YJ7
  5 AP A02-123-4567 KB TOURISM MS.CHOI
  6 AP M010-1234-5678
  7 TK OK29DEC/SELK1394Z
  8 OPW SELK1394Z-11JAN:1900/1C7/KE REQUIRES TICKET ON OR BEFORE
       12JAN:1900/S2,4
  9 OPC SELK1394Z-12JAN:1900/1C8/KE CANCELLATION DUE TO NO
       TICKET/S2,4
```

2) PNR 검색 기능(LPO Search, HE LPO)

① 기능

해당 여행사에서 작성한 PNR을 항공사, 출발일, 출발지, 예약코드 등을 검색 옵션으로 지정해서 PNR을 검색하는 기능

② 주요 Entry(HE LPO)

1단계	LPO/ALL 또는	여행사 전체 PNR 검색 요청
	LPO/A(CX,AF)D(01JAN)B(CDG)E(HX,UC) 또는 LPO/A(CX,AF)-Q50C1	특정 항공사, 출발일, 출발지, 예약코드 지정하여 검색 요청 해당 조건으로 PNR 검색한 뒤 검색된 PNR을 Q로 전송할 것을 요청
2단계	LPS/PS	검색 요청했던 PNR의 검색 상태 조회
3단계	LPS/D3	2단계에서 조회된 검색 요청 리스트 번호 선택
	LPS/D3-Q50C1	검색 요청 리스트 3번을 특정 Q로 전송
4단계	LPS1	검색 조건으로 조회된 PNR 중에서 조회하고자 하는 PNR 리스트 선택
기타	LPS/PS → LPX/3-5,7	LPS/PS에서 조회된 요청 리스트는 10개까지만 유지 가능하므로, 10개가 넘는 경우에는 기존에 요청했던 리스트를 삭제해야 한다.

* LPO Entry를 이용하여 특정 예약코드의 PNR을 검색할 수 있다.

③ 추가 기능

ENTRY	설명
LP/JL950 → LP1	특정 Flight를 지정하여 해당되는 PNR 모두 검색
LP/JL950/1-JUN → LP1	특정 Flight와 출발일을 동시에 지정하여 해당되는 PNR 모두 검색

④ 실제 작업 화면

Entry	설명
LPO/ALL	> LPO/ALL ACCEPTED - CHECK REQUEST STATUS WITH LPS/PS
LPS/PS	> LPS/PS PASSENGER LIST STATUS TABLE - SELK13900 1 LPO/A(JL)D(08OCT) 08SEP COMPLETE 0 PNR 2 LPO/ALL 08SEP COMPLETE 2039 PNRS
LPS/D2	> LPS/D2 PASSENGER LIST - SEARCH BY OFFICE SELK13900/5001YR/SU 08SEP/0745Z REQUESTED:08SEP LPO/ALL OFFICE SELK131CA 001 LEE/KWANGSOOMR Z65PCH 002 YOO/NUNIMMR 2KQYWT
LPS2	> LPS2 ---TST AXR RLR--- RP/SELK13900/SELK13900 AA/SU 4SEP15/0304Z 3SDQII 3679-6222 1.YOO/NUNIM MS 2 KE2711 L 18SEP 5 GMPHND HK1 1845 2105 18SEP E KE/3SDQII 3 KE2710 U 21SEP 1 HNDGMP HK1 1955 2210 21SEP E KE/3SDQII 4 APM 070-3321-1234 5 TK OK04SEP/SELK13900//ETKE 6 FA PAX 180-1234567891/ETKE/04SEP15/SELK13900/ 17311112/S2-3 7 FB PAX 0400038207 TTP/RT OK ETICKET/S2-3 8 FE PAX KE NON ENDS.REBKG ONLY FOR IBND.RISS ONLY FOR IBND-KRW50000.NO EXTN.RFND PNTY APPLY-KRW 60000.NO MILE UG./S2-3 9 FM PAX*F*0A/S2-3 10 FP CASH 11 FT PAX*F*5SDQZZZYYY/S2-3 12 FV PAX*F*KE/S2-3

⑤ 추가 Option

■ LPO Search Entry(HE LPO)

Entry	설명
LPO/ALL	LPO : Transaction code /All : Slash, 사용자의 Office(Responsible office)에서 생성한 모든 PNR 검색
LPO/A(AF,BA)B(CPH)	LPO : Transaction code /A : Slash, Search code for 'Airline code' (AF,BA) :괄호 안에 Airline code(두 개 이상인 경우 Comma로 연결) B : Search code for 'Boarding point' (CPH) : 괄호 안에 Boarding point
LPO/SELK13900/A(KE)	LPD : Transaction code /SELK13900 : Slash, Responsible Office ID /A : Slash, Search code for 'Airline code' (KE) : 괄호 안에 Airline code
LPO/SELK1390*/A(KE)D(01JAN)	LPO : Transaction code /SELK1390* : Slash, Responsible Office ID by using wildcards /A : Slash, Search code for 'Airline code' (KE) : 괄호 안에 Airline code D : Search code for 'Travel dates' (01JAN) : 괄호 안에 Travel date(or date range. E.g : 01JAN-03JAN) ※유요한 Wildcard format: /SELK1390* /SELK139** /SELK13***

■ LPO Search&Queuing

Action	Entry	설명
Default Queue로 검색 결과 전송	LPO/B(CDG)D(1JAN)-Q	-Q : Dash, Default Queue(Q0C1) in your office
특정 Queue로 검색 결과 전송	LPO/B(CDG)D(1JAN)-Q50C2	-Q50C2 : Dash, Queue 50/Category 2
다른 Office의 검색 결과를 내 Office Queue로 전송	LPO/SELK13900/B(CDG)D(1JAN)-Q	-Q : Dash, Default Queue(Q0C1) in your office
	LPO/SELK13900/B(CDG)D(1JAN)-Q50C2	-Q50C2 : Dash, Queue 50/Category 2

Action	Entry	설명
다른 Office의 검색 결과를 해당 Office의 Queue로 전송	LPO/SELK13900/B(CDG)-QO	-Q : Dash, Default Queue(Q0C1) in your office
	LPO/SELK13900/B(CDG)-QO50C2	-Q50C2 : Dash, Queue 50/Category 2 in that office

■ 검색 결과 확인 및 관련 Entry

Entry	설명
LPS/PS	Passenger List Status Table 조회 ※Search status 종류 -Pending : 요청사항 처리 대기 중 -In Progress : 요청사항 처리 중 -Complete : 요청사항 처리 완료 -Queued : 요청사항 처리 완료 및 정상 Queuing 완료 -Requeued : 후속 Entry에 의해 정상 Queuing 완료 -Error : 요청사항 처리 중 오류 발생(오류 발생 전까지 검색된 PNR 수가 Error status 옆에 보여지며, 조회 가능)
LPS/D3	Passenger List Status Table의 Passenger List 3번 조회(From 1 to 10)
LPS/D3/K	Passenger List 3번에서, Last Name이 'K' 로 시작하는 Passenger List 조회
LPS/D3/KAN	Passenger List 3번에서, Last Name이 'KAN' 으로 시작하는 Passenger List 조회
LPS/D3/KANG	Passenger List 3번에서, Last Name이 'KANG' 인 Passenger List 조회
LPS/D3/KANG/H	Passenger List 3번에서, Last Named 'KANG' 이고 First Name이 'H' 로 시작하는 Passenger List 조회
LPS/D3-Q	Passenger List 3번을 Default Queue(Q0C1)로 전송
LPS/D3-Q1C3	Passenger List 3번을 특정 Queue로 전송
LPS/D3/K-Q1C3	Passenger List 3번에서, Last Name이 'K' 로 시작하는 Passenger List를 특정 Queue로 전송
LPS23	Passenger List에서 특정 PNR 조회
LPS0	가장 최근에 조회했던 Passenger List 조회
LPSL	가장 최근에 조회했던 PNR 재조회
LPX/3-5,7	Passenger List Status Table에서 특정 Passenger List 삭제
LPX/ALL	Passenger List Status Table의 모든 Passenger List 삭제

LPS/PS에서 조회된 Table은 최대 10개까지만 요청할 수 있다. 11번째 요청을 하려면 요청했던 리스트를 삭제해야 가능하다.

LPX/5, 7(5번과 7번 삭제)

■ PNR 조회 Entry

ENTRY	설명
RT Z98DGU	PNR 번호 이용
RT/YOO/SOOYOUNG	승객 이름 이용
RT/HAMMINGTON/S	승객 이름 일부 이용
RT/10DEC-YOO	출발일과 승객 이름을 이용한 조회
RTKE081-HAMMINGTON	비행편과 승객 이름을 이용한 조회
RTKE-081/10DEC-YOO	비행편 + 출발일 + 승객 이름을 이용한 조회
RT1	유사 명단 출력 후, 조회하고자 하는 목록번호 입력하여 조회
RT0(숫자 0)	유사 명단으로 되돌아가기
RL	해당항공사 PNR 번호 조회(PNR DISPLAY 상태에서)

2) PNR 판독

```
> RT7186-4420

--- RLR SFP ---
RP/SELK1394Z/SELK1394Z            DL/RM   3JAN19/0241Z   378C57
7186-4420
  1.KIM/SOYUL MS
  2  KE 081 R 20FEB 1 ICNJFK HK1  1000 1000  20FEB  E  KE/378C57
  3  DL 423 Y 25FEB 6 JFKLAX HK1  1200 1530  25FEB  E  DL/HWTH84
  4  KE 018 M 01MAR 3 LAXICN HK1  1100 1740  02MAR  E  KE/378C57
  5 AP A02-123-4567 HY AIR
  6 TK OK03JAN/SELK1394Z
  7 SSR VGML KE HK1/S2
  8 SSR VGML KE HK1/S4
  9 SSR VGML DL NO1 MEAL UNAVBL//S3
 10 OPW SELK1394Z-16JAN:1900/1C7/KE REQUIRES TICKET ON OR BEFORE
        17JAN:1900/S2,4
 11 OPC SELK1394Z-17JAN:1900/1C8/KE CANCELLATION DUE TO NO
        TICKET/S2,4
```

RLR SFP	PNR HEADER
RP/SELK1394Z/SELK1394Z	요청하고 응답받는 대리점(Office) ID
DL/RM	Agent Sign/Duty Sign
3JAN17/0241Z	예약을 작성한 또는 최종 업데이트한 날짜와 시간
378C57	예약번호(1A)
7186-4420	예약번호(Topas)
1.NA MOMO	성명
2 KE 081 M 20FEB ICNJFK	여정
3 DL 423 Y 25FEB JFKLAX	여정
4 KE 018 M 01MAR LAXICN	여정
5 AP A02-123-4567	전화번호
6 TK OK03JAN/	항공권 발권시한
7-9 SSR VGML KE	SSR(Special Service Request) 야채식 요청
10 OPW	Optional Warning Element
11 OPC	Optional Cancellation Element

연습문제

1. 아래 PNR 안에 1~10까지의 번호가 의미하는 것을 판독하라.

```
--- RLR ---
① RP/SELK13UA3/SELK13UA3       ② IC/SU  ③ 10JAN19/0900Z   ④ 57UGS8
④ 1234-5678
  1. LEE/JONGSUKMR(INF/AGA/10OCT16)      2.BAE/SOOJINMISS(CHD/10JUL13)
  3  AY 042 Y 20MAY1 ICNHEL HK2  0920    1020 1400   *1A/E*
  4  AY 041 Y 30MAY4 HELICN HK2  1640 2  1730 0820+1 *1A/E*
⑤  5 APA 123-4567 KB TOUR
⑥  6 APE EMAIL@NAVER.COM/P1
⑦  7 APM 010-2000-1004/P1
⑧  8 TK TL25MAY/1700/SELK13UA3
⑨  9 SSR INFT AY HN1 LEE/AGA 10OCT16/S3/P1
⑩ 10 SSR CHLD AY HK1 10JUL13/P2
   11 SSR INFT AY HN1 LEE/AGA 10OCT16/S4/P1
```

1	
2	
3	
4	
5	
6	
7	
8	
9	
10	

2. LEE/JONGSUKMR 승객의 이름으로 PNR을 조회하는 Entry는?

3. LEE/JONGSUKMR 승객이 4번째에 있다. Line NBR로 PNR을 조회하는 Entry는?

4. 10월 8일 출발하는 승객의 성이 CHOI일 경우 성으로 PNR을 조회하는 Entry는?

5. 대한항공 621편으로 12월 5일 예약한 승객중 OH씨 성으로 조회하는 Entry는?

6. 여정 작성중 요청된 3좌석을 5좌석으로 변경하는 ENTRY는?

7. 완성된 PNR의 Booking Class를 "Y"Clsss에서 "M" Class로 변경하는 Entry는?

8. 2016년 7월 10일 PNR Recalling한다면 조회가 가능한 기간은 언제인가?

9. 현재 진행중인 예약의 2번째 Line의 Booking Class를 "C"로 변경하는 방법은?

10. 예약된 PNR의 Element 중 3번과 7번을 취소하려고 한다. 방법은?

Chapter 5 PNR의 다양한 기능

1 PNR COPYING

1) Copying PNRs이란?

이미 작성된 PNR DATA를 전체 또는 부분적으로 COPY하여 NEW PNR 작성 시 활용하는 편리한 기능이다.

■ Original PNR

```
> RT 7186-4420

--- RLR SFP ---
RP/SELK1394Z/SELK1394Z           DL/RM   3JAN19/0241Z   378C57
7186-4420
  1.LEE/SUNMI MS
  2  KE 081 R 20FEB 1 ICNJFK HK1  1000 1000  20FEB  E  KE/378C57
  3  DL 423 Y 25FEB 6 JFKLAX HK1  1200 1530  25FEB  E  DL/EWTH84
  4  KE 018 M 01MAR 3 LAXICN HK1  1100 1740  02MAR  E  KE/378C57
  5 AP A02-123-4567 KB TOURISM MS.CHOI
  6 TK OK03JAN/SELK1394Z
  7 SSR VGML KE HK1/S2
  8 SSR VGML KE HK1/S4
  9 SSR VGML DL NO1 MEAL UNAVBL//S3
 10 OPW SELK1394Z-16JAN:1900/1C7/KE REQUIRES TICKET ON OR BEFORE
       17JAN:1900/S2,4
 11 OPC SELK1394Z-17JAN:1900/1C8/KE CANCELLATION DUE TO NO
       TICKET/S2,4
```

2) Copyung Entry와 화면

<table>
<tr><th>ENTRY</th><th>화면</th></tr>
<tr><td>RRI
(ITIN ONLY)</td><td>> RRI
--- SFP ---
-IGNORED 378C57-
RP/SELK1394Z/
1 KE 081 R 20FEB 1 ICNJFK DK1 1000 1000 20FEB E 0 388 LM
RQST KAL PREMIUM CARE SVC
SEE RTSVC
2 DL 423 Y 25FEB 6 JFKLAX DK1 1200 1530 25FEB E 0 75W F
DELTA ONE SVC THIS FLT
SEE RTSVC
3 KE 018 M 01MAR 3 LAXICN DK1 1100 1740 02MAR E 0 388 LD
SEE RTSVC</td></tr>
<tr><td>RRN
(ITIN & PAX 정보)</td><td>> RRN
--- SFP ---
-IGNORED 378C57-
RP/SELK1394Z/
1 KE 081 R 20FEB 1 ICNJFK DK1 1000 1000 20FEB E 0 388 LM
RQST KAL PREMIUM CARE SVC
SEE RTSVC
2 DL 423 Y 25FEB 6 JFKLAX DK1 1200 1530 25FEB E 0 75W F
DELTA ONE SVC THIS FLT
SEE RTSVC
3 KE 018 M 01MAR 3 LAXICN DK1 1100 1740 02MAR E 0 388 LD
SEE RTSVC
4 AP A02-123-4567 KB TOURISM MS.CHOI</td></tr>
<tr><td>RRP
(PAX 정보 Only)</td><td>> RRP
-IGNORED 378C57-
RP/SELK1394Z/
1.LEE/SUNMI MS
2 AP A02-123-4567 KB TOURISM MS.CHOI
3 SSR VGML YY NN1</td></tr>
</table>

ENTRY	화면
RRA (ITIN & PAX 정보 & ORG PNR과 NEW PNR 간의 AXR Record 생성, RRN+AXR Record)	> **RRA** --- SFP --- -IGNORED 378C57- RP/SELK1394Z/ 1 KE 081 R 20FEB 1 ICNJFK DK1 1000 1000 20FEB E 0 388 LM RQST KAL PREMIUM CARE SVC SEE RTSVC 2 DL 423 Y 25FEB 6 JFKLAX DK1 1200 1530 25FEB E 0 75W F DELTA ONE SVC THIS FLT SEE RTSVC 3 KE 018 M 01MAR 3 LAXICN DK1 1100 1740 02MAR E 0 388 LD SEE RTSVC 4 AP A02-123-4567 KB TOURISM MS.CHOI * RR 03JAN/AASU/SELK1394Z-378C57 AXR: associated cross-reference *RR(COPY PNR임을 나타냄), 03JAN(COPY 실행날짜) AASU(COPY AGT Initials and duty code), SELK1394Z(COPY PNR 작업 OFFICE ID), 378C57(Original PNR)

3) 추가 Option 기능

① 좌석 수 변경

RRI, RRA, RRN 지시어 뒤에 /6(변경 좌석 수)를 입력하여 PNR을 COPY하는 기능이다. 변경 좌석 수는 기존 PNR 좌석 수와 다르게 COPY하고자 하는 경우 사용하므로 필요한 정확한 좌석 수를 입력한다.

RRN/6

■ Original PNR

```
--- RLR ---
RP/SELK1394Z/SELK1394Z          AA/SU   3JAN19/0307Z   378DCE
1610-5437
  1.LEE/SUNMI MS   2.KIM/JIHYE MS   3.GA/HYESEUNG MS
  4  KE 643 M 20MAR 1 ICNSIN HK3  1420 1955  20MAR  E  KE/378DCE
  5  ARNK
  6  KE 652 M 30MAR 4 BKKICN HK3  2240 0610  31MAR  E  KE/378DCE
  7 AP A02-123-4567 KB TOURISM MS.CHOI
  8 AP M010-1234-5678
  9 TK OK03JAN/SELK1394Z
 10 OPW SELK1394Z-16JAN:1900/1C7/KE REQUIRES TICKET ON OR BEFORE
       17JAN:1900/S4,6
 11 OPC SELK1394Z-17JAN:1900/1C8/KE CANCELLATION DUE TO NO
       TICKET/S4,6
```

■ Copying(3좌석을 6좌석으로 변경)

```
> RRN/6

IGNORED 378DCE-
RP/SELK1394Z/
  1  KE 643 M 20MAR 1 ICNSIN DK6  1420 1955  20MAR  E  0 773 LR
     SEE RTSVC
  2  ARNK
  3  KE 652 M 30MAR 4 BKKICN DK6  2240 0610  31MAR  E  0 773 B
     SEE RTSVC
  4 AP A02-123-4567 KB TOURISM MS.CHOI
  5 AP M010-1234-5678
```

② Booking Class 변경

여정을 COPY하는 지시어 뒤에 모두 사용 가능하다. RRI, RRA, RRN 지시어 뒤에 /CK (변경하고자 하는 Booking Code)와 같이 입력하여 ORGN PNR에서 BKG CLS를 변경하여 COPY하는 기능이다. COPY 지시어 뒤에 /CM, /CY와 같이 입력한다.

RRN/CK

■ Original PNR

```
--- RLR ---
RP/SELK1394Z/SELK1394Z          AA/SU   3JAN17/0307Z   378DCE
1610-5437
  1.LEE/SUNMI MS   2.KIM/JIHYE MS   3.GA/HYESEUNG MS
  4  KE 643 M 20MAR 1 ICNSIN HK3  1420 1955  20MAR  E  KE/378DCE
  5  ARNK
  6  KE 652 M 30MAR 4 BKKICN HK3  2240 0610  31MAR  E  KE/378DCE
  7 AP A02-123-4567 KB TOURISM MS.CHOI
  8 AP M010-1234-5678
  9 TK OK03JAN/SELK1394Z
 10 OPW SELK1394Z-16JAN:1900/1C7/KE REQUIRES TICKET ON OR BEFORE
       17JAN:1900/S4,6
 11 OPC SELK1394Z-17JAN:1900/1C8/KE CANCELLATION DUE TO NO
       TICKET/S4,6
```

■ Copying(M Class를 K Class로 변경)

```
> RRN/CK

-IGNORED 378DCE-
RP/SELK1394Z/
  1  KE 643 K 20MAR 1 ICNSIN DK3  1420 1955  20MAR  E  0 773 LR
     SEE RTSVC
  2  ARNK
  3  KE 652 K 30MAR 4 BKKICN DK3  2240 0610  31MAR  E  0 773 B
     SEE RTSVC
  4 AP A02-123-4567 KB TOURISM MS.CHOI
  5 AP M010-1234-5678
```

③ 특정 Segment Copy

여정을 COPY하는 지시어 뒤에 모두 사용 가능하다. RRI, RRA, RRN 지시어 뒤에 /S5(COPY하고자 하는 여정 번호)와 같이 입력하여 ORGN PNR에서 여정을 선택하여 COPY하는 기능이다.

RRN/S4

■ Original PNR

```
--- RLR ---
RP/SELK1394Z/SELK1394Z          AA/SU   3JAN17/0307Z   378DCE
1610-5437
  1.LEE/SUNMI MS   2.KIM/JIHYE MS   3.GA/HYESEUNG MS
  4  KE 643 M 20MAR 1 ICNSIN HK3  1420 1955  20MAR  E  KE/378DCE
  5  ARNK
  6  KE 652 M 30MAR 4 BKKICN HK3  2240 0610  31MAR  E  KE/378DCE
  7 AP A02-123-4567 KB TOURISM MS.CHOI
  8 AP M010-1234-5678
  9 TK OK03JAN/SELK1394Z
 10 OPW SELK1394Z-16JAN:1900/1C7/KE REQUIRES TICKET ON OR BEFORE
        17JAN:1900/S4,6
 11 OPC SELK1394Z-17JAN:1900/1C8/KE CANCELLATION DUE TO NO
        TICKET/S4,6
```

■ Copying(4번째 Segment Copy)

```
> RRN/S4

-IG-IGNORED 378DCE-
RP/SELK1394Z/
  1  KE 643 M 20MAR 1 ICNSIN DK3  1420 1955  20MAR  E  0 773 LR
     SEE RTSVC
  2 AP A02-123-4567 KB TOURISM MS.CHOI
  3 AP M010-1234-5678
```

④ 특정 Segment의 Booking Class변경하여 Copying

여정을 COPY하는 지시어 뒤에 모두 사용 가능하다. RRI, RRA, RRN 지시어 뒤에 /S5CY(6번 여정의 BKG CODE를 Y로 변경하여 COPY)와 같이 입력하여 ORGN PNR에서 선택한 여정의 BKG CLS만 변경하여 COPY하는 기능이다.

RRN/S4CY

■ Original PNR

```
--- RLR ---
RP/SELK1394Z/SELK1394Z            AA/SU   3JAN17/0307Z   378DCE
1610-5437
  1.LEE/SUNMI MS 2.KIM/JIHYE MS   3.GA/HYESEUNG MS
  4  KE 643 M 20MAR 1 ICNSIN HK3  1420 1955  20MAR  E  KE/378DCE
  5  ARNK
  6  KE 652 M 30MAR 4 BKKICN HK3  2240 0610  31MAR  E  KE/378DCE
  7 AP A02-123-4567 KB TOURISM MS.CHOI
  8 AP M010-1234-5678
  9 TK OK03JAN/SELK1394Z
 10 OPW SELK1394Z-16JAN:1900/1C7/KE REQUIRES TICKET ON OR BEFORE
        17JAN:1900/S4,6
 11 OPC SELK1394Z-17JAN:1900/1C8/KE CANCELLATION DUE TO NO
        TICKET/S4,6
```

■ Copying(4번 Booking을 M에서 Y로 변경)

```
> RRN/S4CY

-IGNORED 378DCE-
RP/SELK1394Z/
  1  KE 643 Y 20MAR 1 ICNSIN DK3  1420 1955  20MAR  E  0 773 LR
     SEE RTSVC
  2  ARNK
  3  KE 652 M 30MAR 4 BKKICN DK3  2240 0610  31MAR  E  0 773 B
     SEE RTSVC
  4 AP A02-123-4567 KB TOURISM MS.CHOI
  5 AP M010-1234-5678
```

⑤ 승객 지정하여 Copying

RRP, RRN 지시어 뒤에 일부 승객만 지정하여 COPY하는 기능이다.

/P1,4(기존 PNR의 1번과 4번 승객만 지정하여 COPY)와 같이 입력하면 ORGN PNR에서 1번, 4번 승객만 COPY할 수 있다.

RRN/P1,3

■ Original PNR

```
--- RLR ---
RP/SELK1394Z/SELK1394Z          AA/SU   3JAN17/0307Z   378DCE
1610-5437
  1.LEE/SUNMI MS   2.KIM/JIHYE MS   3.GA/HYESEUNG MS
  4  KE 643 M 20MAR 1 ICNSIN HK3  1420 1955  20MAR  E  KE/378DCE
  5  ARNK
  6  KE 652 M 30MAR 4 BKKICN HK3  2240 0610  31MAR  E  KE/378DCE
  7 AP A02-123-4567 KB TOURISM MS.CHOI
  8 AP M010-1234-5678
  9 TK OK03JAN/SELK1394Z
 10 OPW SELK1394Z-16JAN:1900/1C7/KE REQUIRES TICKET ON OR BEFORE
        17JAN:1900/S4,6
 11 OPC SELK1394Z-17JAN:1900/1C8/KE CANCELLATION DUE TO NO
        TICKET/S4,6
```

■ Copying(1번과 3번 승객만 Copy)

```
> RRN/P1,3

-IGNORED 378DCE-
RP/SELK1394Z/
  1.LEE/SUNMI MS   2.GA/HYESEUNG MS
  3  KE 643 M 20MAR 1 ICNSIN DK2  1420 1955  20MAR  E  0 773 LR
     SEE RTSVC
  4  ARNK
  5  KE 652 M 30MAR 4 BKKICN DK2  2240 0610  31MAR  E  0 773 B
     SEE RTSVC
  6 AP A02-123-4567 KB TOURISM MS.CHOI
  7 AP M010-1234-5678
```

2 PNR Purged

PNR Purged이란?

과거의 예약번호를 불러오는 것으로 Past Data Record(PDR)에 이관된 Data를 불러오는 것이다. 요청일로부터 36개월 이내의 항공여정만 가능하다.

모든 예약은 Air/Car/Hotel의 마지막 SEG 일정 출발일 + D4가 지난 시점에 PNR은 제거되어 PDR DB로 이관된다.

예를 들면 2013년 7월 30일 PNR Recall 요청한 경우 2010년 7월 31일 ~ 2013년 7월 30일 중 항공예약 여정이 1개 이상일 경우 PNR Recalling이 가능하다.

1) 종류

Recalling Option	기능
Basic	요청한 시점으로부터 48시간 이내에 PNR Retrieve, 무료
Premium	요청한 시점으로부터 20초 이내에 PNR Retrieve, 유료

2) PNR Recalling 방식

Entry	설명
RPD/KE901/16JUL10	RPD : Basic Option(무료), /KE901 : 비행편, 16JUL10 : 출발일자 Purge되었을 당시 PNR에 상기 조건의 비행편이 포함된 모든 PNR이 Recall 된다.
RPP/KE902/16JUL10	RPP : Basic Option(유료), /KE901 : 비행편, 16JUL10 : 출발일자 Purge되었을 당시 PNR에 상기 조건의 비행편이 포함된 모든 PNR이 Recall된다.

3) Recall 목록 확인

Entry	설명
RLD Recall 요청된 목록 확인	>**RLD** PNR RECALL REQUEST LIST BKK1A098R: 38 1 RPP/KE654/15FEB12 26SEP ONLINE T 2 RPP/KE654/15JAN12 26SEP ONLINE T 3 RPP/KE652/10JAN12-KIM 26SEP RT 26SEP T 4 RPP/KE652/10JAN11*Q 26SEP ONLINE Q 5 RPD/TG655/10JAN11*Q 26SEP IN PROCESS Q 6 RPD/TG655/10JAN1126SEP PROCESSED T ☞ 26SEP : 요청일 ONLINE : 요청 Mode(유료) IN PROCESS : 진행중(무료) PROCESSED : 진행완료(무료) RT 26SEP : RQST 후 RT로 PNR 확인 완료
RLDT2 RLD 목록에서 요청한 라인선택	>**RLDT2** PDR LIST 07 ☞ 조건에 맞는 PNR 7개 Display BKK1A098R/0009II/SU ☞ RQST한 OFC ID/SIGN/DUTY CODE 26SEP12/0210Z ☞ RQST 요청일 RPP/KE654/12JAN12 001 BISE/MARILYN I MRS 8CNQGZ KE 654 15JAN12 GCK1S2100 002 COMFORD/CAYL DANIELLE MS 8DLX9I KE 654 15JAN12 GCK1S2100 003 GOLBERG/CHRISTIAN MR75T4UD KE 654 15JAN12 GCK1S2100 004 NILGIANSKUL/TAN MR 4R4PJX KE 654 15JAN12 BKKOK21CC
PLD1 선택한 RLDT2 목록에서 조회할 PNR의 라인선택	>**PLD1** PDR * READ MODE * BKK1A098R/0009II/SU 26SEP12/0210Z RPP/KE654/15JAN12 --- TST RLR TC-BIZ RLP --- RP/GCK1S2100/GCK1S2100 CM/SU 27NOV11/1446Z 8CNQGZ 1. BISE/MARILYN I MRS 2 KE 012 Q 27DEC11 2 LAXICN HK1 FLWN 3 KE 657 Q 29DEC11 4 ICNBKK HK1 FLWN 4 TUR 1A HK1 BKK 29DEC11 PAST 5 KE 654 Q 15JAN12 7 BKKICN HK1 FLWN

Entry	설명
	6 KE 001 Q 15JAN12 7 ICNLAX HK1 FLWN 7 MCO XD ARC 04AUG12/USD50.00/*TKT FEE FA 890-0560466399/PTXD/USD50.00/10SEP11/GCK1S2100/17686653 2 FB 1000019460 TTP/TTM/INE/VKE/ET OK ETICKET 3 FI 1300019827 INV 0000086218 4 FM *C*48.25A 5 FP CCCAXXXXXXXXXXXX8955/1013/A65412S 8 AP TUL 620 331-3430 - INDEPENDENCE TRAVEL SERVICE - A 9 AP 323-574-3505-C 10 AP MBISE@PACBELL.NET
RPP/KE654/15JAN12 또는 RPD/TG655/10JAN11	상기 RLD 목록에 없는 경우 새로 신청한다.
RPP/RH	Recall된 PNR의 History 확인
RPP/TST	Recall된 PNR의 TST 확인

■ Recall 요청 취소

Entry	설명
RLD → RLX/25 25번 라인 Recall 취소 ☞ RPD(Basic, 무료) 신청조건, Pending 상태에 한해 가능	>RLD 22 RPD/AF6219/20FEB/10 20FEB RT 14MAR T 23 RPD/AF6219/21FEB/10 20FEB PROCESSED T 24 RPD/AF6219/21FEB/10 20FEB PROCESSED T 25 RPD/AF6219/16JUN/11+Q 19FEB PROCESSED Q >RLX/25 PROCESSING FOR REQUEST(S) IS CANCELLED
RLD → RLC/2 2번 라인 Remove	RPP(유료) 신청한 경우 사용 RLD 목록에서 단지 Remove하는 기능으로, 요청 취소는 불가하다.

3 PNR Claim

일반적인 경우 여행사에서는 항공사에서 작성한 예약을 열어볼 수 없지만 발권을 위해 항공사로 PNR Claim 요청을 하여 볼 수 있다.

1) PNR 요청

RO KE M3S7CH

Entry	설명
RO	PNR Claim 기본지시어
KE	항공사 코드
M3S7CH	최초 항공사 예약번호

```
---------------------------------------------------


1.LEE/SUNMIMSOOYOUNGMR
  2  KE 111 Y 20JAN 1 ICNGUM HK1          1935 0050+1 744 E 0 D
     CABOTAGE SECTOR
     SEE RTSVC
  3  KE 112 Y 30JAN 4 GUMICN HK1          0230 0615   744 E 0 B
     CABOTAGE SECTOR
     SEE RTSVC
  4 AP A02-123-4567 KB TOURISM MS.CHOI
  5 AP M010-6361-1234
  6 TK OK09DEC/SELK1390I

*CLAIM MODE*
```

2) PNR 종료

ER

종료를 하면 1A PNR Format으로 Display된다.

4 예약분리란?

완성된 PNR에 있는 승객기록 중 일부 승객의 예약내용이 추가, 취소, 변경되는 경우에 사용하는 기능으로, 한 개의 PNR을 두 개 이상으로 나누는 작업을 말한다.

1) 예약분리 시 주의사항

① 작업 중인 화면은 종료 또는 IG 작업 후 Split할 PNR을 조회하여 작업 시작한다.
② 예약번호가 있는 것만 분리가 가능하다. (작성중인 예약기록은 SP작업 불가)
③ 승객과 연결된 전화번호와 개인 정보는 해당 승객에게만 남는다.
④ 예약분리 작업 후 반드시 Original PNR에 EOT해야만 저장된다.
(SP2 → EF → RFP → ET)
⑤ PNR에 HTL, Rent a Car가 예약되어 있는 경우 취소하고 EOT한 후 분리한다.

2) 예약분리(Splitting) 방법

- 예약을 분리하게 되면 Original PNR과 분리된 Associate PNR로 나뉘게 되며 예약번호가 각각 생성된다. 예약분리 시에는 아래와 같은 순서에 의해 단계별로 처리해야 한다.

① PNR DISPLAY(RT1234-5678)
② 승객분리(SP2)
③ 분리된 ASSOCIATE (SP) PNR 저장(EF)
④ RECEIVED FROM 입력(RFPAX)
⑤ ORIGINAL OR PARENT PNR 저장(ET)

아래 예약기록에서 승객 GONG/YU의 돌아오는 여정을 4월 2일로 변경하고자 할 경우 하나의 PNR에서 일부 승객 여정만의 변경이 불가능하므로 1번 승객인 GONG/YU의 여정만 분리한 후 변경한다.

① 해당 PNR 불러오기 : RT 3134-6358

```
--- RLR ---
RP/SELK1394Z/SELK1394Z          AA/SU   3JAN17/0653Z   378KI8
3134-6358
  1.GONG/YU MR   2.LEE/DONGUK MR   3.GA/HYESEUNG MS
  4.KIM/JIHYE MS
  5  KE 643 M 20MAR 1 ICNSIN HK4  1420 1955  20MAR  E  KE/378KI8
  6  ARNK
  7  KE 658 M 30MAR 4 BKKICN HK4  0010 0745  30MAR  E  KE/378KI8
  8 AP A02-123-4567 KB TOURISM MS.CHOI
  9 AP M010-1234-5678
 10 TK OK03JAN/SELK1394Z
 11 OPW SELK1394Z-16JAN:1900/1C7/KE REQUIRES TICKET ON OR BEFORE
        17JAN:1900/S5,7
 12 OPC SELK1394Z-17JAN:1900/1C8/KE CANCELLATION DUE TO NO
        TICKET/S5,7
```

② SP1(분리할 승객 지정하기)

```
> SP1
-ASSOCIATE PNR-
RP/SELK1394Z/SELK1394Z          AA/SU   3JAN17/0653Z   XXXXXX
  1.GONG/YU MR
  2  KE 643 M 20MAR 1 ICNSIN HK1  1420 1955  20MAR  E  KE/
  3  ARNK
  4  KE 658 M 30MAR 4 BKKICN HK1  0010 0745  30MAR  E  KE/
  5 AP A02-123-4567 KB TOURISM MS.CHOI
  6 AP M010-1234-5678
  7 TK OK03JAN/SELK1394Z
  8 OPW SELK1394Z-16JAN:1900/1C7/KE REQUIRES TICKET ON OR BEFORE
       17JAN:1900/S2,4
  9 OPC SELK1394Z-17JAN:1900/1C8/KE CANCELLATION DUE TO NO
       TICKET/S2,4
  * SP 03JAN/AASU/SELK1394Z-378KI8
```

③ EF(SP PNR 저장)

```
>EF

--- RLR ---
-PARENT PNR-
RP/SELK1394Z/SELK1394Z            AA/SU   3JAN17/0653Z   378KI8
3134-6358
  1.LEE/DONGUK MR   2.GA/HYESEUNG MS   3.KIM/JIHYE MS
  4  KE 643 M 20MAR 1 ICNSIN HK3  1420 1955  20MAR  E  KE/378KI8
  5  ARNK
  6  KE 658 M 30MAR 4 BKKICN HK3  0010 0745  30MAR  E  KE/378KI8
  7 AP A02-123-4567 KB TOURISM MS.CHOI
  8 AP M010-1234-5678
  9 TK OK03JAN/SELK1394Z
 10 OPW SELK1394Z-16JAN:1900/1C7/KE REQUIRES TICKET ON OR BEFORE
        17JAN:1900/S4,6
 11 OPC SELK1394Z-17JAN:1900/1C8/KE CANCELLATION DUE TO NO
        TICKET/S4,6
  * SP 03JAN/AASU/SELK1394Z-378KL2
```

④ RFP(예약변경 요청자 입력)

⑤ ET(ORG PNR 저장)

```
>ET
END OF TRANSACTION COMPLETE - 378KI8 - KE/3134-6358 SP-378KL2 - KE/3897-6702
*TRN*                              ↓                         ↓
                              PARENT PNR            ASSOCIATE PNR(SP PNR)
```

① RT 3897-6702(SP PNR 조회)

```
>RT3897-6702

--- AXR RLR ---
RP/SELK1394Z/SELK1394Z          AA/SU   3JAN17/0655Z   378KL2
3897-6702
  1.GONG/YU MR
  2 KE 643 M 20MAR 1 ICNSIN HK1  1420 1955  20MAR  E  KE/378KL2
  3 ARNK
  4 KE 658 M 30MAR 4 BKKICN HK1  0010 0745  30MAR  E  KE/378KL2
  5 AP A02-123-4567 KB TOURISM MS.CHOI
  6 AP M010-1234-5678
  7 TK OK03JAN/SELK1394Z
  8 OPW SELK1394Z-16JAN:1900/1C7/KE REQUIRES TICKET ON OR BEFORE
        17JAN:1900/S2,4
  9 OPC SELK1394Z-17JAN:1900/1C8/KE CANCELLATION DUE TO NO
        TICKET/S2,4
  * SP 03JAN/AASU/SELK1394Z-378KI8
```

② SB02APR4(분리된 PNR의 4번 여정을 4월 2일로 변경)

```
>SB02APR4

--- AXR RLR ---
RP/SELK1394Z/SELK1394Z          AA/SU   3JAN17/0655Z   378KL2
3897-6702
  1.GONG/YU MR
  2 KE 643 M 20MAR 1 ICNSIN HK1  1420 1955  20MAR  E  KE/378KL2
  3 ARNK
  4 KE 658 M 02APR 7 BKKICN DK1  0010 0745  02APR  E  0 333 B
    SEE RTSVC
  5 AP A02-123-4567 KB TOURISM MS.CHOI
  6 AP M010-1234-5678
  7 TK OK03JAN/SELK1394Z
  8 OPW SELK1394Z-16JAN:1900/1C7/KE REQUIRES TICKET ON OR BEFORE
        17JAN:1900/S2
  9 OPC SELK1394Z-17JAN:1900/1C8/KE CANCELLATION DUE TO NO
        TICKET/S2
  * SP 03JAN/AASU/SELK1394Z-378KI8
```

③ RFPAX(예약 변경 요청자 : 생략가능)

```
>RFPAX

--- AXR RLR ---
RP/SELK1394Z/SELK1394Z          AA/SU   3JAN17/0655Z   378KL2
3897-6702
RF PAX
  1.GONG/YU MR
  2 KE 643 M 20MAR 1 ICNSIN HK1  1420 1955  20MAR  E  KE/378KL2
  3 ARNK
  4 KE 658 M 02APR 7 BKKICN DK1  0010 0745  02APR  E  0 333 B
    SEE RTSVC
  5 AP A02-123-4567 KB TOURISM MS.CHOI
  6 AP M010-1234-5678
  7 TK OK03JAN/SELK1394Z
  8 OPW SELK1394Z-16JAN:1900/1C7/KE REQUIRES TICKET ON OR BEFORE
        17JAN:1900/S2
  9 OPC SELK1394Z-17JAN:1900/1C8/KE CANCELLATION DUE TO NO
        TICKET/S2
  * SP 03JAN/AASU/SELK1394Z-378KI8
```

④ ET(End of Transaction)

```
>ET
END OF TRANSACTION COMPLETE - 378KL2 - KE/3897-6702
```

3) 기타 ENTRY

① RTAXR

분리된 PNR 양쪽 모두 HEAD에 – AXR – 생성되며 AXR(Associated Cross Reference) PNR 확인이 가능하다.

```
>RTAXR

 AXR FOR PNR:                          378KI8    03JAN 1559
  1.GA/HYESEUNG - 3      *
  2.GONG/YU MR    1    378KL2
  3.KIM/JIHYE MS  3      *
  4.LEE/DONGUK M- 3      *
```

② RT2 : 두 번째 선택

```
>RT2

--- AXR RLR ---
RP/SELK1394Z/SELK1394Z          AA/SU   3JAN17/0658Z   378KL2
3897-6702
  1.GONG/YU MR
  2 KE 643 M 20MAR 1 ICNSIN HK1  1420 1955  20MAR  E  KE/378KL2
  3 ARNK
  4 KE 658 M 02APR 7 BKKICN HK1  0010 0745  02APR  E  KE/378KL2
  5 AP A02-123-4567 KB TOURISM MS.CHOI
  6 AP M010-1234-5678
  7 TK OK03JAN/SELK1394Z
  8 OPW SELK1394Z-16JAN:1900/1C7/KE REQUIRES TICKET ON OR BEFORE
        17JAN:1900/S2,4
  9 OPC SELK1394Z-17JAN:1900/1C8/KE CANCELLATION DUE TO NO
        TICKET/S2,4
  * SP 03JAN/AASU/SELK1394Z-378KI8
```

③ SP1-2 : PNR 상의 승객 분리

■ Original PNR

```
--- AXR RLR ---
RP/SELK1394Z/SELK1394Z            AA/SU   3JAN17/0655Z   378KI8
3134-6358
  1.LEE/DONGUK MR   2.GA/HYESEUNG MS   3.KIM/JIHYE MS
  4 KE 643 M 20MAR 1 ICNSIN HK3  1420 1955  20MAR  E  KE/378KI8
  5 ARNK
  6 KE 658 M 30MAR 4 BKKICN HK3  0010 0745  30MAR  E  KE/378KI8
  7 AP A02-123-4567 KB TOURISM MS.CHOI
  8 AP M010-1234-5678
  9 TK OK03JAN/SELK1394Z
 10 OPW SELK1394Z-16JAN:1900/1C7/KE REQUIRES TICKET ON OR BEFORE
        17JAN:1900/S4,6
 11 OPC SELK1394Z-17JAN:1900/1C8/KE CANCELLATION DUE TO NO
        TICKET/S4,6
  * SP 03JAN/AASU/SELK1394Z-378KL2
```

■ SPLIT PNR

```
>SP1-2
--- AXR ---
-ASSOCIATE PNR-
RP/SELK1394Z/SELK1394Z            AA/SU   3JAN17/0655Z   XXXXXX
  1.LEE/DONGUK MR   2.GA/HYESEUNG MS
  3 KE 643 M 20MAR 1 ICNSIN HK2  1420 1955  20MAR  E  KE/
  4 ARNK
  5 KE 658 M 30MAR 4 BKKICN HK2  0010 0745  30MAR  E  KE/
  6 AP A02-123-4567 KB TOURISM MS.CHOI
  7 AP M010-1234-5678
  8 TK OK03JAN/SELK1394Z
  9 OPW SELK1394Z-16JAN:1900/1C7/KE REQUIRES TICKET ON OR BEFORE
        17JAN:1900/S3,5
 10 OPC SELK1394Z-17JAN:1900/1C8/KE CANCELLATION DUE TO NO
        TICKET/S3,5
  * SP 03JAN/AASU/SELK1394Z-378KL2
  * SP 03JAN/AASU/SELK1394Z-378KI8
```

④ SP0.2,2-3GROUP PNR 상에 명단이 없는 승객(0번 element) 중 2명과 명단이 있는 승객 중 2, 3번 승객 분리

■ PNR 불러오기

```
> RT2394-9732
--- RLR ---
RP/SELK1394Z/SELK1394Z          AA/SU   3JAN17/0705Z   378KU2
2394-9732
0. 12KB TOUR  NM: 3
  4 KE 603 G 20NOV 1 ICNHKG HN15 0825 1120  20NOV  E  KE/378KU2
  5 KE 604 G 25NOV 6 HKGICN HN15 1235 1700  25NOV  E  KE/378KU2
  6 AP A02-123-4567 KB TOURISM MS.CHOI
  7 AP M010-1234-5678 MS.KIM
  8 TK TL25MAY/SELK1394Z
  9 SSR GRPF KE GV10
```

■ RTN(실제명단 확인)

```
> RTN
RP/SELK1394Z/SELK1394Z          AA/SU   3JAN17/0705Z   378KU2
2394-9732
0. 12KB TOUR  NM: 3
BKD:15              CNL: 0               SPL: 0
  1.NA/MOMO MS   2.NA/ADULT MS   3.LEE/DONGGEOL MR
```

■ SP0.2,2-3(NO NAME 2명과 2, 3번 승객 분리)

```
> SP0.2,2-3
-ASSOCIATE PNR-
RP/SELK1394Z/SELK1394Z          AA/SU   3JAN17/0705Z   XXXXXX
0.  2KB TOUR  NM: 2
  3  KE 603 G 20NOV 1 ICNHKG HN4  0825 1120  20NOV  E  KE/
  4  KE 604 G 25NOV 6 HKGICN HN4  1235 1700  25NOV  E  KE/
  5 AP A02-123-4567 KB TOURISM MS.CHOI
  6 AP M010-1234-5678 MS.KIM
  7 TK TL25MAY/SELK1394Z
  8 SSR GRPF KE GV10
  9 SSR GRPS YY TCP 15 KB TOUR
  * SP 03JAN/AASU/SELK1394Z-378KU2
```

■ RTN(분리된 승객 이름 확인)

```
> RTN
RP/SELK1394Z/SELK1394Z          AA/SU   3JAN17/0705Z   XXXXXX
0.  2KB TOUR  NM: 2
BKD: 4              CNL: 0                 SPL: 0
  1.NA/ADULT MS   2.LEE/DONGGEOL MR
```

5 NHP(Non Homogeneous PNRs)

NHP란?

PNR 작성 시 특정 구간에 대해 예약된 승객 중 일부 승객의 일부 구간에 대해 승객의 숫자와 여정의 좌석 숫자가 불일치한 상태로 PNR을 작업하는 기능이다.

PNR 완성 후에는 Split(Divide)의 경우와 마찬가지로 해당 승객의 PNR이 별도로 분리되어 저장된다. PNR Header에 *** NHP***라는 Tag와 AXR(Associated Cross-Reference Record) 정보가 생성된다.

■ (NHP 사례)

```
승객 이름 : HAMMINGTON/SAMMR YOO/SOOYOUNGMS
연락처 : 02-123-4567 KB TOURISM MS.CHOI
여정 : 11/20  SEL-SIN  KE643, M Class
       11/30  SIN-SEL  KE642, M Class (단, SIN/SEL은 YOO/SOOYOUNG 승객만 여행)
```

① 성명 입력

```
RP/SELK1394Z/
  1.HAMMINGTON/SAMMR   2.YOO/SOOYOUNGMS
```

② 여정 입력

```
                                ***  NHP  ***
RP/SELK1394Z/
  1.HAMMINGTON/SAMMR   2.YOO/SOOYOUNGMS
  3  KE 643 M 20NOV 1 ICNSIN DK2  1420 1955  20NOV  E  0 773 M
     SEE RTSVC
  4  KE 642 M 30NOV 4 SINICN DK1  0130 0840  30NOV  E  0 77W B
     SEE RTSVC
```

③ 4/P2(4번 돌아오는 구간 유수영만 예약했으므로 승객 연결)

```
>4/P2
                                  ***  NHP  ***
RP/SELK1394Z/
  1.HAMMINGTON/SAMMR   2.YOO/SOOYOUNGMS
  3  KE 643 M 20NOV 1 ICNSIN DK2  1420 1955  20NOV  E  0 773 M
     SEE RTSVC
  4  KE 642 M 30NOV 4 SINICN DK1  0130 0840  30NOV  E  0 77W B
     /P2
     SEE RTSVC
```

④ 전화번호 입력, RECEIVED FROM, TKT 입력

```
                                  ***  NHP  ***
RP/SELK1394Z/
RF PAX
  1.HAMMINGTON/SAMMR   2.YOO/SOOYOUNGMS
  3 KE 643 M 20NOV 1 ICNSIN DK2  1420 1955  20NOV  E  0 773 M
    SEE RTSVC
  4 KE 642 M 30NOV 4 SINICN DK1  0130 0840  30NOV  E  0 77W B
    /P2
    SEE RTSVC
    WARNING : THIS SEGMENT IS 331 DAYS IN THE FUTURE
  5 AP A02-123-4567 KB TOURISM MS.CHOI
  6 TK OK03JAN/SELK1394Z
```

⑤ ER +ER(예약완료)

```
  AXR FOR PNR:                          ***NHP***  03JAN 1624
  1.HAMMINGTON/S- 1    378K9Q
  2.YOO/SOOYOUNG- 1    378K9S
```

AXR(Associated Cross- Reference Record) 정보가 표시되며, PNR이 각각 분리 생성됨.

RT2(2번 승객 보기)

```
>RT2
--- AXR RLR ---
RP/SELK1394Z/SELK1394Z            AA/SU   3JAN17/0724Z   378K9S
6103-1024
  1.YOO/SOOYOUNGMS
  2  KE 643 M 20NOV 1 ICNSIN HK1  1420 1955  20NOV  E  KE/378K9S
  3  KE 642 M 30NOV 4 SINICN HK1  0130 0840  30NOV  E  KE/378K9S
  4 AP A02-123-4567 KB TOURISM MS.CHOI
  5 TK OK03JAN/SELK1394Z
  6 OPW SELK1394Z-16JAN:1900/1C7/KE REQUIRES TICKET ON OR BEFORE
        17JAN:1900/S2-3
  7 OPC SELK1394Z-17JAN:1900/1C8/KE CANCELLATION DUE TO NO
        TICKET/S2-3
  * SP 03JAN/AASU/SELK1394Z-NHP PROC
```

RTAXR(Cross-Reference PNR 보기)

```
>RTAXR
  AXR FOR PNR:                            378K9S    03JAN 1627
  1.HAMMINGTON/S- 1    378K9Q
  2.YOO/SOOYOUNG- 1      *
```

RT1(1번 승객 보기)

```
>RT1

--- AXR RLR ---
RP/SELK1394Z/SELK1394Z            AA/SU   3JAN17/0724Z   378K9Q
6103-1023
  1.HAMMINGTON/SAMMR
  2 KE 643 M 20NOV 1 ICNSIN HK1  1420 1955  20NOV  E  KE/378K9Q
  3 AP A02-123-4567 KB TOURISM MS.CHOI
  4 TK OK03JAN/SELK1394Z
  5 OPW SELK1394Z-16JAN:1900/1C7/KE REQUIRES TICKET ON OR BEFORE
        17JAN:1900/S2
  6 OPC SELK1394Z-17JAN:1900/1C8/KE CANCELLATION DUE TO NO
        TICKET/S2
  * SP 03JAN/AASU/SELK1394Z-NHP PROC
```

연습문제

1. 다음 중 예약분리에 관련된 주의사항이다. 옳은 내용이 아닌 것은?

① 작업 중이던 PNR은 작업 종료 또는 IG를 한 후, 다시 PNR을 조회하여 Split 작업을 시작해야 한다.

② 완성되지 않은 PNR은 Split 작업을 할 수 없다.

③ 특정 승객과 연결되어 있는 전화번호나 SSR과 같은 Element는 PNR이 분리될 때 각 해당 승객과 연결되어 있는 PNR에서 삭제되므로 다시 입력해야 한다.

④ 예약분리 작업시 Original PNR에서 ET(저장)하기 전에는 작업이 종료되지 않은 상태이므로 도중에 Ignore(IG)를 하면 Split Action 이전의 PNR로 된다.

2. 3명의 동반예약 중 두 번째 승객을 SPLITTING하는 순서를 써라.

3. Split된 승객의 3번 여정을 10월 11일로 변경하는 Entry 중 맞는 것은?

① SB11OCT3

② CH11OCT3

③ 3SB11OCT

④ 2CH11OCT

4. 아래 승객의 예약을 하고 2번과 3번 승객의 돌아오는 여정의 날짜를 12/16로 변경하라.

```
성명  : 본인, PARK/SEOJUN MR, JUNG/HYEIN MR
여정  : 12월10일 서울 - 싱가포르 대한항공
        12월 15일 싱가포르 - 서울 대한항공
SR    : 2.3번 승객 야채식
APM   : 3번 승객 핸드폰 010-1234-5678
```

5. NHP(Non Homogeneous PNRs)는 어떤 경우에 사용하는지 써라.

6. NHP로 4번 라인을 두 번째 승객과 연결시키는 방법을 써라.

Chapter 6
BOOKING CLASS

Booking Class란?

항공예약에 사용하는 좌석등급이다. 각 항공사는 정책에 따라 예약에 사용하는 등급이 다르게 책정되어 있다. 또한 좌석등급에 따라 항공운임을 다르게 적용하고 있어 Booking Class를 결정할 때 승객의 여정에 맞는 등급을 신중히 적용해야 한다.

같은 이코노미석의 항공운임이라도 항공사의 판매정책에 따라 모두 다르게 적용하고 있어 승객의 여행일정, 체류기간 등을 고려하여 적용해야 한다.

항공사의 좌석등급은 운송등급과 예약등급으로 나뉘며 운송등급은 실제 항공편에 설치되어 운영되는 등급으로, 좌석의 형태로는 일반적으로 일등석, 비즈니스석, 이코노미석으로 되어 있다.

1 BOOKING CLASS의 종류

1) IATA CABIN CLS(운송등급)

실제 항공편에 설치, 운영되는 등급으로 승객이 실제 탑승하는 등급을 말한다.

- 일등석(First Class)
- 우등석(Business/Prestige Class)
- 일반석(Economy Class)

2) BOOKING CLS(예약등급)

항공좌석판매, 예약 시 수요 특성별, 지역별로 구분한 등급으로 항공사마다 각기 다르게 운영된다.

3) BOOKING CLASS의 결정요인

예약등급은 다양한 요인으로 결정되는데 항공사별로 운영하는 Class cord가 다르므로 반드시 항공사 규정을 확인하여 사용해야 한다.

- 탑승 Class
- 왕복/편도
- 여행기간
- Stopover 횟수
- Transfer

2 BOOKING CLASS 조회

1) Mileage System의 조회

승객이 탑승하는 거리를 기준으로 항공운임과 Booking Class를 적용하는 것으로 운임조회 후 해당 운임조회 화면의 맨 오른쪽 끝에 위치한 "R" Column에서 확인할 수 있다. "R"Column에는 2가지의 Indicator가 표시되는데 Mileage System 적용 운임은 M(Mileage Fare)으로 표시된다.

① 기본Entry

기본 Entry를 사용하면 전체적인 요금의 윤곽을 확인할 수 있다. 화면의 "B"(Booking Code)란의 "+" 표시는 하위 Booking code가 나타나면 Option Entry를 이용하여 세부적인 운임과 Booking Class를 확인한다.

FQDSELBKK

Enrty	설명
FQD	지시어
SELBKK	출/목적지

```
> FQDSELBKK

FQDSELBKK
BA  BI  BR  B7  CA  CI  CX  CZ  EK     TAX MAY APPLY
ET  FZ  GA  GS  HU  HX  HZ  H1  IT     SURCHG MAY APPLY-CK RULE
JL  KA  KE  KL  LH  LJ  MF  MH  MI
MU  NX  NZ  OZ  PR  QF  QR  QV  SQ
S7  TG  TW  VA  VN  WY  XF  ZH  3U
9W  /YY*AA  AC  AF  AK  BG  CA  CG
CO  C6  D2  D7  EK  FD  FP  FR  FY
F5  GI  GX  G5  HC  HV  H1  JD  JJ
KC  KE  LA  LH  LJ  LL  LS  MF  M8
NW  OD  OZ  PZ  QH  QZ  RY  R3  R8
SB  TB  TO  TW  UA  UJ  VJ  VK  VY
WW  W5  W7  XJ  XL  X4  X5  YC  YZ
ZE  ZH  ZL  Z2  3Q  4M  5Q  6Q  7A
7C  9B  9G  9H  9R  9X
ROE 1167.753 UP TO 100.00 KRW
03JAN17**03JAN17/YY SELBKK/NSP;EH/TPM  2286/MPM  2743
LN FARE BASIS     OW    KRW  RT    B PEN  DATES/DAYS   AP MIN MAX R
01 F            1321400            + -      -      -    -  -   -  M
02 F                       2402400 + -      -      -    -  -   -  M
03 C            1101000            + -      -      -    -  -   -  M
04 C                       2001800 + -      -      -    -  -   -  M
>                                              PAGE  1/ 2
```

■ FQD 화면설명

항목	설명
LN	Line Number
FARE BASIS	운임의 종류
OW	One Way Fare
KRW	Currency Code
RT	Round Trip Fare
B	Booking Class
PEN	Penalty Information
DATES/DAYS	Seasonality, 요일 등에 대한 규정
AP	Advanced Purchase(사전구입 조건)
MIN	Minimum Stay(최소 체류 의무 기간)
MAX	Maximum Stay(최대 체류 허용 기간)
R	R : Routing Information, M : Mileage Information

② Option 적용

■ FQDSELBKK/D30SEP/AKE/IL,X

Enrty	설명
FQD	지시어
SELBKK	출/목적지
/ D30SEP	구분표시와 출발날짜
/ AKE	구분표시와 지정항공사
/ IL	항공사 List 제외
X	낮은 운임에서 높은 운임으로 보기

```
>FQDSELBKK/D30SEP/AKE/IL,X

FQDSELBKK/D30SEP/AKE/IL,X
MORE FARES AVAIL IN USD
ROE 1098.739 UP TO 100.00 KRW
30SEP17**30SEP17/KE SELBKK/NSP;EH/TPM  2286/MPM  2743
```

```
LN FARE BASIS     OW    KRW  RT    B PEN  DATES/DAYS    AP MIN MAX R
01 EHEKS                   770000 E  +  S29SEP  06OCT   + -   6M R
02 HHEKS                   860000 H  +  S29SEP  06OCT  -  -   6M R
03 MHEKS                   940600 M  +  S29SEP  06OCT  -  -  12M R
04 MHEKS1                  941000 M  +  S29SEP  06OCT  -  -  12M M
05 MSDRTKE                1033200 M  +     -       -   + -  -  12M R
06 BHEKS                  1110000 B  +  S29SEP  06OCT  -  -  12M R
07 MHOWKS       560000            M  +  S29SEP  06OCT  -  -   -  R
08 MSOWSC       568300            M  +     -       -   + -  -   -  M
09 MSDOWKE      568300            M  +     -       -   + -  -   -  R
10 BHEKS1                 1137000 B  +  S29SEP  06OCT  -  -  12M M
11 BHOWKS       650000            B  +  S29SEP  06OCT  -  -   -  R
12 YHRTKE                 1320000 Y  +  S29SEP  06OCT  -  -   -  R
13 YRT                    1377600 Y  +     -       -     -  -   -  M
14 YHOWKE       730000            Y  +  S29SEP  06OCT  -  -   -  R
15 YOW          757700            Y  +     -       -     -  -   -  M
16 DBIZKR                 1801700 D  +     -       -   + 3  -   6M+R
>                                              PAGE  1/ 2
```

```
30SEP17**30SEP17/KE SELBKK/NSP;EH/TPM  2286/MPM  2743
LN FARE BASIS     OW    KRW  RT    B PEN  DATES/DAYS    AP MIN MAX R
17 CRT                    2001800 C  +     -       -     -  -   -  M
18 COW         1101000            C  +     -       -     -  -   -  M
19 JRT                    2202000 J  +     -       -     -  -   -  M
20 FRT                    2402400 F  +     -       -     -  -   -  M
21 JOW         1211100            J  +     -       -     -  -   -  M
22 FOW         1321400            F  +     -       -     -  -   -  M
23 PRT                    2642800 P  +     -       -     -  -   -  M
24 POW         1453600            P  +     -       -     -  -   -  M
25 RRT                    3003000 R  +     -       -     -  -   -  M
26 ROW         1651700            R  +     -       -     -  -   -  M
>                                              PAGE  2/ 2
```

위에서와 같이 운임과 Booking Class를 확인하고 조건에 적합한 Class를 찾아 예약에 적용해야 한다. Option에서 지정한 9월 30일 대한항공으로 출발하는 가장 저렴한 운임은 770,000원이고 Booking Classs는 "E"이다. 위의 운임을 자세히 확인하기 위해서는 FQS를 사용하여 확인한다.

③ 운임 조건 확인

FQS01

```
> FQS23

FFQS01

**  RULES DISPLAY  **
30SEP17**30SEP17/KE SELBKK/NSP;EH/TPM  2286/MPM  2743
LN FARE BASIS    OW   KRW  RT   B PEN  DATES/DAYS   AP MIN MAX R
01 EHEKS                 770000 E  +  S29SEP  06OCT   + -   6M R

 PRIME BOOKING CODE WHEN NO EXCEPTIONS APPLY
   E

 EXCEPTIONS
      VIA KE  M    REQUIRED  WITHIN KR FLTS 1401-1409
      VIA KE  Y    REQUIRED  WITHIN KR
      VIA NX  S    REQUIRED
      VIA PX  B    REQUIRED  BETWEEN MNL-POM
      VIA RA  M    REQUIRED
>                                          PAGE  1/ 1
```

KE 한국 출발 국제선 BOOKING CLASS(2012년 3월 1일 출발일 기준)

■ High Class

Cabin	운임수준	Booking Class		BCC기준
		현행	변경	
FB	High	F(R/P)	F(R/P)	F
	Award	A	A	
PR	High	C(J)	C(J)	C
	Middle	O	D	D
	Low	Z	I	I
	Award(U/G)	I	Z	
	Award(F.O.C)	D	O	O

SkyTeam BCC 합의(안) 기준 Booking Class Code만 변경

■ Economy Class

운임수준	현행				변경		BCC기준
	Class	3수송	4수송	6수송	Class	3/4/6수송	
High	Y	●	●	●	Y	●	Y
	K	●	●		B	●	B
	M	●			M	●	M
	S			●			
Mid	H		●		H	●	
	E	●			E	●	
	B	●			K	●	K
	L		●				
	T			●			
Low	Q			●	Q	●	
	V			●	T	●	T
GRP	G/X/V	●	●	●	G	●	G
Award	U	●	●	●	X	●	X

2) Routing System의 조회

항공사의 공시된 경유지와 항공사를 준수하는 조건으로 항공운임을 계산하는 Routing 시스템에 의해 Booking Class를 적용하는 방법이다.

운임조회 후 해당 운임조회 화면의 맨 오른쪽 끝에 위치한 "R" Column에서 확인할 수 있다. "R" Column에는 2가지의 Indicator가 표시되는데 Routing System 적용 운임은 R(Routing Fare)로 표시된다.

① 해당 구간의 운임조회

FQDSELLAX/AKE/IL,X

ENTRY	설명
FQD	운임지시어(Fare Quotation Display)
SEL	출발지
LAX	목적지
/AKE	해당 항공사
/ IL	항공사 List 제외
X	낮은 운임에서 높은 운임으로 보기

```
>FQDSELLAX/AKE/IL,X

FQDSELLAX/AKE/IL,X
ROE 1167.753 UP TO 100.00 KRW
04JAN17**04AUG19/KE SELLAX/NSP;PA/TPM  5973/MPM  7167
LN FARE BASIS     OW    KRW  RT    B PEN  DATES/DAYS   AP MIN MAX R
01 EHXEKA                1900000 E  +     -     12345+  + -  12M R
                                    S28DEC  08JAN
02 EHXEKA1               2000000 E  +     -     12345+  + -  12M R
                                    S28DEC  08JAN
03 EHWEKA                2050000 E  +     -        67+  + -  12M R
                                    S28DEC  08JAN
04 HHXEKA                2050000 H  +     -     12345+ -  -  12M R
                                    S28DEC  08JAN
05 SHXEKA                2128000 S  +     -     12345+ -  -  12M R
                                    S28DEC  08JAN
06 EHWEKA1               2150000 E  +     -        67+  + -  12M R
                                    S28DEC  08JAN
07 HHXEKA1               2150000 H  +     -     12345+ -  -  12M R
                                    S28DEC  08JAN
08 HHWEKA                2200000 H  +     -        67+ -  -  12M R
                                    S28DEC  08JAN
>                                            PAGE  1/ 4
```

② 적용 Routing 운임조회

FQR01

```
> FQR01
FQR01
ROE 1167.753 UP TO 100.00 KRW
04JAN17**04AUG19/KE SELLAX/NSP;PA/TPM  5973/MPM  7167
LN FARE BASIS    OW   KRW  RT    B PEN  DATES/DAYS   AP MIN MAX R
01 EHXEKA              1900000 E  +     -    12345+  + -  12M R
                                 S28DEC  08JAN
ADDON        SPECIFIED  KE7070  ADDON        EFF18JUN16
** PLZ DBL CHECK VIA SYSTEM PRICING IF DL MKTG INCLUDED **
  1 * SEL-LAX
>                                         PAGE  1/ 1
```

위의 Routing 정보에서 Dash(–)는 “and”를 의미하고, Slash(/)는 “or”를 의미한다.

즉, 도시 사이에 항공사 표시가 없는 경우에는 그 운임을 가지고 있는 항공사를 이용해야 함을 의미한다. 또한 특별한 별도의 언급이 없는 경우라면, 앞뒤 동일 항공사로 연결된 조건에 해당하는 중간 도시를 생략하고 Routing 운임을 사용할 수 있다.

③ Booking Class 확인

해당하는 항공사를 찾은 후에는 항공사에 탑승가능한 Booking Class 조회를 해야 한다.

OAL의 경우 WWW.TOPASWEB.COM에서 해당항공사 홈페이지에 접속하여 조회 후 사용한다. 예 : FI/CLS/TG

연습문제

1. IATA CABIN CLASS이며 IATA NORMAL FARE를 사용하는 CALSS가 아닌 것은?

① Y

② C

③ F

④ K

2. 9월 30일 인천 – 방콕 구간 대한항공 Economy class의 Booking Class를 찾는 Entry는?

① FQDSELBKK/D30SEP/AKE

② FQNSELBKK/D30SEP/AKE

③ FQSSELBKK/D30SEP/AKE

④ FQRSELBKK/D30SEP/AKE

3. FQDSELATL/AKE로 운임을 확인하고 3번 운임의 미국 국내선의 Routing을 확인하고자 한다. 어떤 Entry를 사용해야 하는가?

① FQS 3

② FQR 3

③ FQN 3

④ FQA 3

4. 다음 중 Booking Class를 결정하는 요인이 아닌 것은?

① 탑승 Class

② Transfer

③ Stopover 횟수

④ 성별

Chapter 7

SERVICE FACT ELEMENTS

1 FACT ELEMENTS의 이해

FACT ELEMENTS란?

승객이 항공 여행 중 필요한 모든 요구사항 및 업무체계와 연락이 가능하도록 하는 것이다. 모든 항공여정에 관련된 항공사에 보내는 제반 업무연락 및 그에 따른 응답을 Fact를 통해 받을 수 있다.

Service Fact는 여정에 관련된 모든 항공사들이 알아야 하며 경우에 따라 운송에 필요한 사항을 준비해야 한다.

Fact는 승객이 여행하는 모든 지역에서 인지할 수 있는 공동의 코드를 사용하며 PNR에 정확한 Format을 사용하여 기록함으로써 관련 항공사의 운송 준비에 차질이 없도록 해야 한다.

Fact Elements에는 SSR(Special Service Request)과 OSI(Other Service Information) 2가지가 있다.

2 FACT ELEMENTS의 구분

1) SSR : SPECIAL SERVICE REQUEST(HE SSR)

SSR(Special Service Request)은 승객의 요구사항이 탑승하는 항공사로 전달되어 운송에 필요한 준비를 하도록 하는 것으로 예약항공사는 이를 PNR에 반영하여 각 항공사들로부터 응답을 받아야 한다. SVC CODE는 HE (HELP) ENTRY를 이용하여 조회할 수 있고, 찾고자 하는 카테고리의 REFERENCE 번호(MS00)를 통해 확인할 수 있다.

예) 기내식 코드조회 HE MEAL ---> MS22(22: REFERENCE 번호)

NO	IATA 표준(IATA), Meal Code	Cods	Decode
1	IATA	**AVML**	Vegeterian Hindu Meal
2	IATA	**BBML**	Baby Meal
3	IATA	**BLND**	Blind Passenger
4	IATA	**CHML**	Child Meal
5	LY SPECIFIC	**CNML**	Chicken Meal
6	IATA	**DBML**	Diabetic Meal
7	IATA	**FPML**	Fruit Platter Meal
8	IATA	**GFML**	Gluten Intolerant Meal
9	IATA	**LCML**	Low Calorie Meal
10	IATA	**MOML**	Moslem Meal
11	IATA	**SFML**	Sea Food Meal
12	IATA	**VGML**	Vegeterian Vegan Meal

예) 좌석 코드조회 HE SEAT ---> MS316(316: REFERENCE 번호)

NO	IATA 표준(IATA), Meal Code	Cods	Decode
1	IATA	**NSST**	Non-Smoking Seat
2	IATA	**NSSB**	Non-Smoking Bulkhead Seat
3	IATA	**NSSA**	Non-Smoking Aisle Seat
4	IATA	**NSSW**	Non-Smoking Window Seat
5	IATA	**SMST**	Smoking Seat
6	IATA	**SMSB**	Smoking Bulkhead Seat
7	IATA	**SMSA**	Smoking Aisle Seat
8	IATA	**SMSW**	Smoking Window Seat

① 전체 승객, 전체 여정에 기내식 요청

SR VGML

Entry	설명
SR	기본지시어(Service request transaction)
VGML	Meal code(Vegetarian) : 야채식

② 1번 승객, 전체 여정에 요청

SR VGML/P1

Entry	설명
SR	기본지시어(Service request transaction)
VGML	Meal code(Vegetarian) : 야채식
/P1	Slash 해당 승객번호

```
>SRVGML/P1

--- RLR ---
RP/SELK1394Z/SELK1394Z          AA/SU   4JAN17/0116Z   37893L
4682-4627
  1.NA/MOMOMS   2.KIM/SOOROMR   3.YOO/SOOYOUNGMR
  4  KE 643 M 20MAR 1 ICNSIN HK3  1420 1955  20MAR  E  KE/37893L
  5  ARNK
  6  KE 658 M 30MAR 4 BKKICN HK3  0010 0745  30MAR  E  KE/37893L
  7 AP A02-123-4567 KB TOURISM MS.CHOI
  8 AP M010-1234-5678
  9 TK OK04JAN/SELK1394Z
 10 SSR VGML KE HK1/S4/P1
 11 SSR VGML KE HK1/S6/P1
 12 OPW SELK1394Z-17JAN:1900/1C7/KE REQUIRES TICKET ON OR BEFORE
       18JAN:1900/S4,6
 13 OPC SELK1394Z-18JAN:1900/1C8/KE CANCELLATION DUE TO NO
       TICKET/S4,6
```

③ 2번 승객, 4, 6번 여정에 요청

SR VGML/P2/S4,6

Entry	설명
SR	기본지시어(Service request transaction)
VGML	Meal code(Vegetarian) : 야채식
/P1	Slash 해당 승객번호
/S4,6	Slash 해당 여정번호

```
>SRVGML/P2/S4,6

--- RLR ---
RP/SELK1394Z/SELK1394Z          AA/SU   4JAN17/0116Z   37893L
4682-4627
  1.NA/MOMOMS   2.KIM/SOOROMR   3.YOO/SOOYOUNGMR
  4  KE 643 M 20MAR 1 ICNSIN HK3  1420 1955  20MAR  E  KE/37893L
  5  ARNK
  6  KE 658 M 30MAR 4 BKKICN HK3  0010 0745  30MAR  E  KE/37893L
  7 AP A02-123-4567 KB TOURISM MS.CHOI
  8 AP M010-1234-5678
  9 TK OK04JAN/SELK1394Z
 10 SSR VGML KE HK1/S4/P2
 11 SSR VGML KE HK1/S6/P2
 12 OPW SELK1394Z-17JAN:1900/1C7/KE REQUIRES TICKET ON OR BEFORE
        18JAN:1900/S4,6
 13 OPC SELK1394Z-18JAN:1900/1C8/KE CANCELLATION DUE TO NO
        TICKET/S4,6
```

■ SSR Code 조회

IATA에서는 승객이 항공사에 요청하는 사항을 분류하고, 이를 정해진 Code로 만들어 입력 형태를 표준화해 놓고 있는데 이를 Keyword라고 규정해 놓았다.

NO	IATA 표준(IATA), KE Only (KE)	Cods	Decode
1	IATA	ADTK	Advise if Ticketed
2	KE	AOXY	Oxygen SVC Fee
3	IATA	AUTK	Authorise PNR for Ticketed
4	IATA	AVIH	Animal in Hold
5	IATA	BBML	Baby Meal
6	IATA	BLND	Blind Passenger
7	IATA	BSCT	Bassinet/Baby Basket
8	IATA	CBBG	Cabin Baggage
9	KE	CBBL	CBBG Block Seat
10	IATA	CHLD	Child
11	IATA	CHML	Child Meal
12	IATA	CKIN	Provide Information for Airport Staff
13	IATA	DBML	Diabetic Meal
14	IATA	DEAF	Deaf Passenger
15	IATA	DEPA	Deportee-Accompanied by an Escort
16	IATA	DEPU	Deportee-Unaccompanied
17	IATA	DPNA	Disabled Passenger with Intellectual or Developmental Disability Needing Assistance
18	IATA	ESAN	Emotional Support/Psychiatric Assistance Animals
19	KE	EXBL	EXST Block Seat
20	IATA	EXST	Extra Seat
21	KE	FMLY	Family Care Service
22	IATA	FQTR	Frequent Flyer Redemption Journey(RMR 시) - BNS/UPGD TKT인 경우 생성됨
23	IATA	FQTS	Frequent Flyer Benefit Information
24	IATA	FQTU	Frequent Flyer Redemption of Upgrade, BNS/UPGD TKT인 경우 생성됨
25	IATA	FQTV	Frequent Traveller Mileage Program
26	IATA	FRAG	Fragile Baggage
27	IATA	FRAV	First Available
28	IATA	GPST	Group Seat Request
29	IATA	GRPF	Group Fare Data
30	IATA	GRPS	Passenger Tavelling Together

NO	IATA 표준(IATA), KE Only (KE)	Code	Decode
31	KE	**IFML**	Baby Meal (KE Only)
32	IATA	**INFT**	Infant Indicator Keyword
33	IATA	**LANG**	Specify Language Spoken
34	IATA	**MEDA**	Medical Case
35	KE	**NOCM**	유/소아식 미신청인 경우 NOCM 입력
36	KE	**NOSM**	No Special Meal
37	IATA	**NSSA**	No Smoking Aisle Seat
38	IATA	**NSSB**	No Smoking Bulkhead Seat
39	IATA	**NSST**	No Smoking Seat
40	IATA	**NSSW**	No Smoking Window Seat
41	IATA	**OTHS**	Requires Action
42	IATA	**PCTC**	Passenger Provided Contact for Passenger
43	IATA	**PETC**	Animal in Cabin
44	IATA	**PSPT**	Passport Information
45	IATA	**RQST**	Seat Request
46	IATA	**SEAT**	Seat Request
47	IATA	**SEMN**	Seaman-Ship's Crew
48	IATA	**SFML**	Sea Food Meal
49	IATA	**SPEQ**	Sports Equipment
50	IATA	**STCR**	Stretcher Passenger
51	KE	**STPC**	Layover at Carrier's Cost
52	IATA	**TKNA**	TKT NBR for AUTO Generated TKT, System Generates only
53	KE	**TKNE***	TKT NBR Generated by Electronic Ticketing
54	IATA	**TKNM**	Manual Entered TKT NBR-System Generates only
55	IATA	**TKTL**	Ticketing Time Limit
56	IATA	**TWOV**	Transit/Transfer without Visa
57	IATA	**UMNR**	Unaccompanied Minor
58	KE	**UPGD**	Upgrade AUTH
59	KE	**VGML**	Vegetarian Vegan Meal
60	IATA	**WCBD**	Wheelchair Dry Cell Battery
61	IATA	**WCBW**	Wheelchair Wet Cel Battery
62	IATA	**WCHC**	Wheelchair Cabin Seat
63	IATA	**WCHR**	Wheelchair Ramp
64	IATA	**WCHS**	Wheelchair Steps
65	IATA	**WCOB**	On-Board Wheelchair
66	IATA	**XBAG**	Excess Baggage AUTH

3 OSI : OTHER SERVICE INFORMATION

OSI(Other Service Information)은 승객에 관련된 정보로 성격상 단순히 여정에 관련된 항공사들에게 정보를 전달하는 의미이며 응답이 요구되지 않을 경우 사용한다.

OS KE ENTERTAINER

Entry	설명
OS	기본지시어(Other service information transaction)
KE	항공사 코드
ENTERTAINER	연예인(Free text)

```
>OS KE ENTERTAINER

--- RLR ---
RP/SELK1394Z/SELK1394Z          AA/SU   4JAN17/0116Z   37893L
4682-4627
  1.NA/MOMOMS   2.KIM/SOOROMR   3.YOO/SOOYOUNGMR
  4  KE 643 M 20MAR 1 ICNSIN HK3  1420 1955  20MAR  E  KE/37893L
  5  ARNK
  6  KE 658 M 30MAR 4 BKKICN HK3  0010 0745  30MAR  E  KE/37893L
  7 AP A02-123-4567 KB TOURISM MS.CHOI
  8 AP M010-1234-5678
  9 TK OK04JAN/SELK1394Z
 10 SSR VGML KE HK1/S4/P2
 11 SSR VGML KE HK1/S6/P2
 12 OSI KE ENTERTAINER
 13 OPW SELK1394Z-17JAN:1900/1C7/KE REQUIRES TICKET ON OR BEFORE
        18JAN:1900/S4,6
 14 OPC SELK1394Z-18JAN:1900/1C8/KE CANCELLATION DUE TO NO
        TICKET/S4,6
```

4 APIS(Advanced Passenger Information System)

SR DOCS-P-KR-M11112222-KR-15NOV89-M-20MAR20-KIM-TOPAS/P1

Entry	설명
P	여권 Type Code
KR	여권 발행국
M11112222	여권번호
KR	국적
15NOV89	생년월일
M	성별
20MAR20	여권 만료일
KIM-TOPAS	성명

Entry	설명	
DOCS	SR DOCS-P-KR-M11112222-KR-15NOV89-M-20MAR20-KIM-TOPAS ※ 여권번호를 모르는 경우 SR DOCS-P-KR—-KR-15NOV89-M--KIM-TOPAS	P : 여권 Type Code KR : 국적 M11112222 : 여권번호 15NOV89 : 생년월일 M : 성별 20MAR20 : 여권 만료일 KIM-TOPAS : 성명
INF DOCS	SR DOCS-P-KR-M33334444-KR-18DEC16-FI20MAR20-KIM-MIMI	INF 여권번호
DOCA	SR DOCA KE HK1-D-USA-301 PARK AVENUE-NEW YORK-NY-10022/P1/S3	미국내 첫 번째 도착도시 주소
DOCO	SR DOCO BA HK1-MANCHESTER GBR-V-17317323-LONDON GBR-18JUN04-USA-I-P1/S3	비자정보

■ DOCS : APIS Keyword

APIS란 사전 입국 심사를 말하는 것으로, 모든 승객이 Passport Data를 PNR에 입력하면 해당 항공사에서 관계 당국에 관련 자료를 사전 통보하여 해당 국가 도착 시 해당편 모든 승객보다 신속하게 입국 심사를 받을 수 있도록 하는 제도이다.

■ EBS APIS(Enhanced Border Advance Passenger Information System)
강화된 APIS 규정

도착도시가 미국인 경우 APIS 정보와 미국 내 첫 번째 도착지 주소 정보를 입력하여야 한다. 만약 탑승자가 미국 시민권자인 경우 비자 정보도 추가적으로 입력이 필요하다.

5 REMARKS

1) REMARKS란?

해당 PNR에 관련하여 제반되는 내용을 수록하여 PNR을 처리하는 직원들의 참고할 내용으로 사용하는 것이다. 직원 간의 업무연락 메시지 전달과 승객의 예약상황 처리에 대한 내용들을 입력하여 자료로 사용한다.

예약을 처리하는 대리점과 항공사 간 간단한 메시지를 작성하여 전달하는 기능도 한다.

■ 각 종류별 특징

ENTRY	설명
RM	General remark는 PNR 조회가 가능한 모든 여행사가 볼 수 있음.
RC	Confidential remark를 입력한 여행사만이 볼 수 있고 수정이 가능함. 단, RC 입력 시 다른 여행사의 Office ID를 입력(세 개까지 입력)하면 지정된 여행사는 해당 RC를 볼 수 있음.
RX	Corporate remark를 입력한 여행사, 그리고 이 여행사와 Amadeus extended ownership agreement(EOS)를 가진 여행사만 볼 수 있음.

2) 입력 방법

```
RM PAX NEEDS A VISA/S5/P1
```

■ ENTRY 설명

ENTRY	설명
RM	기본지시어
FREE TEXT	비자 필요(자유롭게 기재)
/S4	여정번호
/P1	승객번호

```
>RM PAX NEEDS A VISA/S4/P1

--- RLR ---
RP/SELK1394Z/SELK1394Z          AA/SU   4JAN17/0116Z   37893L
4682-4627
  1.NA/MOMOMS   2.KIM/SOOROMR   3.YOO/SOOYOUNGMR
  4  KE 643 M 20MAR 1 ICNSIN HK3  1420 1955  20MAR  E  KE/37893L
  5  ARNK
  6  KE 658 M 30MAR 4 BKKICN HK3  0010 0745  30MAR  E  KE/37893L
  7 AP A02-123-4567 KB TOURISM MS.CHOI
  8 AP M010-1234-5678
  9 TK OK04JAN/SELK1394Z
 10 OPW SELK1394Z-17JAN:1900/1C7/KE REQUIRES TICKET ON OR BEFORE
        18JAN:1900/S4,6
 11 OPC SELK1394Z-18JAN:1900/1C8/KE CANCELLATION DUE TO NO
        TICKET/S4,6
 12 RM PAX NEEDS A VISA/S4/P1
```

연습문제

1. SSR에 대해 설명하라.

2. OSI에 대해 설명하라.

3. 1번 승객의 2~3번 여정에 야채식을 요청하는 Entry는?

4. 두 번째 승객의 Infant에게 아기 바구니와 Baby Meal을 신청하는 Entry를 작성하라.

5. 3번 여정의 좌석이 Waiting이다. 항공사 예약 담당자에게 Remark란을 사용해서 요청하는 방법을 작성하라.

6. 승객이 유명한 연예인이고 우리 회사의 VIP 고객이라는 것을 OSI로 작성하라.

7. Remark의 용도 중 틀린 것은?

① 직원 상호간의 연락
② 예약 재확인 메시지 전달
③ 승객에 대한 필요한 정보 전달
④ 승객의 특별한 요청사항 접수

8. 승객이 3번 여정의 구간 입국 시 비자가 있어야 한다. Remark에 입력하는 Entry는?

Chapter 8
예약코드

1 예약코드(Reservation Code)의 이해

예약코드란?

항공좌석을 예약하고 좌석의 상황에 따라 시스템에서 유지되는 좌석 상태를 나타내는 것으로 전 세계 항공사가 공통적으로 사용하고 있다.

예약하는 항공기의 좌석이 가능한 경우, 좌석의 재고가 없는 경우 또는 사용하는 시스템을 통해 현지로 요청을 해야 하는 경우와 같이 다양한 경우의 수를 표시하는 것으로 코드는 좌석이 확정되기 전까지 변동의 가능성이 높다.

2 예약코드의 종류와 판독

1) 예약 코드의 종류

종류	요청 형태	내용
요청 코드(ActionCode)	여행사 → 항공사 항공사 → 항공사	항공사로 좌석을 요청하는 코드
응답 코드(Advice Code)	항공사 → 항공사 항공사 → 여행사	여행사로 요청한 좌석에 대한 응답을 받은 코드
상태 코드(Status Code)	PNR에 최종적으로 유지되는 코드	

2) 요청코드(ACTION CODE) 여행사 → 항공사, 항공사 → 항공사

요청코드란 항공좌석을 요청할 때 쓰는 코드이다. 즉, 대리점(여행사)에서 항공사로, 항공사에서 타 항공사로 좌석을 요청할 때 사용하는 코드이다.

코드	설명
DK	좌석 판매 Confirm을 나타내는 코드
DW	대기자 요청 코드
NN	좌석 및 부대서비스 요청 시 사용하는 가장 기본적인 요청코드(Need)
SS	Authorized Sell, 좌석을 판매한 상태
PK	타 GDS에서 예약한 여정의 경우, 발권을 위해 사용하는 코드
GK	실제 예약이 이루어지지 않은 상태에서 Fare Pricing 확인을 위해, 발권은 불가하고 해당 항공사로 메시지 전송은 되지 않는 코드
SG	Group Booking 시 사용되는 요청 Code
PE	Priority Waitlist, 대기 좌석 요청시 사용(1A SUA)

3) 응답코드(ADVICE CODE)

응답코드란 항공 좌석을 요청 받은 곳으로부터 오는 회신 코드이다. 즉, 항공사에서 대리점(여행사)으로 또는 요청 받은 항공사에서 요청한 항공사로 보내준다.

코드	설명
KK	요청된 내용(항공편, 기타 요청사항)이 OK되었음을 통보(Confirming)
UU	요청된 내용이 현재는 불가하며 대기자 명단에 있음을 통보 (Unable-Have Waitlisted)
US	계약에 의거하여 좌석을 판매하였으나, 해당 항공사가 Accept하지 않아 대기자가 됨(Unable to Accept Sale)
UC	요청된 내용의 대기자도 불가함을 통보(Unable to Confirm or Waitlist)
UN	요청한 비행편이 운항을 하지 않거나 요청한 서비스가 제공되지 않음을 통보 (Unable, Flight Does Not Operate or Special Service Not Provided)
NO	요청사항이 잘못되었거나 기타의 이유로 Action을 취하지 않았음을 통보. Action을 취하지 않은 경우 이유는 Fact란에 통보(No Action Taken)
KL	대기자 명단에 있던 승객이 대기자로부터 좌석이 OK되었음을 통보 (Confirming From Waiting List)
TK	출발시간 변경이나 FLT NO 변경으로 인해 변경된 SKD로 OK되었음을 통보. UN/TK가 함께 나타난다.
TL	기존 대기 상태에서 출발시간 변경이나 FLT NO 변경으로 인해 변경된 SKD로 대기자 명단에 List되었음을 통보(HL → UN → TL)
HX	항공사에 의해 여정이 취소되었음.(Have Cancelled) TTL 경과, ARR INFO 부재, Name 변경 등 예약규정에 벗어난 경우 항공사에서 사전 정리할 목적으로 사용되며, Fact란에 그 사유가 통보된다.

4) 상태코드(STSTUS CODE)

상태코드는 항공좌석 요청과 응답에 대한 현재 상태를 나타내주는 결과이다. 즉, 예약한 좌석이 가능한지 또는 대기자인지 결과를 나타내주지만 대기자인 경우 항공사의 좌석 공급에 따라 코드가 변동되기도 한다.

코드	설명
HK	예약이 확약되어 있는 상태(Holds Confirmed)
HL	예약이 대기자 명단에 올려있는 상태(Have Waitlisted)
RR	예약 재확인까지 마친 상태(Reconfirmed)

5) 기타 코드

그 외에도 항공사 또는 항공기의 상황에 따라 다양한 코드가 사용된다.

코드	설명
HN	항공사 좌석을 요청하고 응답이 오기까지 유지되는 코드 그룹의 경우 SG로 요청하면 HN으로 나타난다.(Pending For Reply)
DL	KL 상태에서 대기자로 되돌려진 상태(Deleted from Confirming List)

3 예약코드의 흐름도

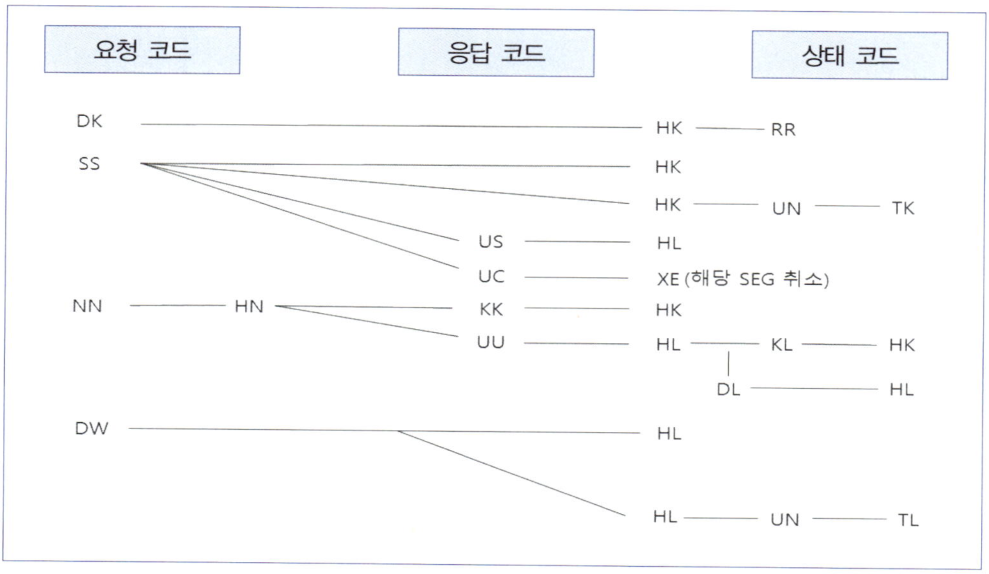

4 예약코드의 정리

요청한 좌석에 대한 응답코드는 반드시 상태코드로 변경하여 현재 좌석의 상태가 어떠한지를 명확히 Clear시켜야 한다.

상태코드로의 정리 방법은 두 가지가 있다.

① 상태코드 자동정리 + PNR 작성

ETK

② 상태코드 자동정리 + PNR 저장 + PNR 조회

ERK

■ 예약코드 정리 (1)

```
--- RLR ---
RP/SELK13UA3/SELK13UA3          AA/SU  26JUN13/0149Z   75GV25
7892-0366
  1. HIMMINGTON/SAMMR   2.YOO/SOOYOUNGMR
3  KE 651 E 30AUG 1 ICNBKK      UN2          1740 2110    *1A/E*
   4  KE 651 E 30AUG 1 ICNBKK   TK2          1805 2135    *1A/E
   5  KE 652 E 29AUG 4 BKKICN   HK2          2240 0600+1 *1A/E*
   6  AP 02-123-5678
   7  AP M 010-1000-1004/P1
   8  TK TL20JUN/SELK13UA3
```

▶자동정리(ETK or ERK)

■ 응답화면

```
--- RLR ---
RP/SELK13UA3/SELK13UA3        AA/SU  26JUN13/0149Z   75GV25
7892-0366
1  HIMMINGTON/SAMMR   2  YOO/SOOYOUNGMR
3  KE 651 E 30AUG 1 ICNBKK  HK2           1805 2135   *1A/E
4  KE 652 E 29AUG 4 BKKICN  HK2           2240 0600+1 *1A/E*
5  AP 02-123-5678
6  AP M 010-1000-1004/P1
7  TK TL20JUN/SELK13UA3
```

■ 예약코드 정리 (2)

```
--- RLR ---
RP/SELK13UA3/SELK13UA3           AA/SU  30MAY13/0149Z   7VMO47
7805-2890
   1  LEE/JONGSUKMR   2 BAE/SOOJINMS
   3  KE 651 E 29JUL 1 ICNBKK  HK2          1740 2110   *1A/E*
   4  KE652  E 29AUG 1 ICNBKK  KL2          2240 0600+1 *1A/E
   5. AP 02-123-5678
   6  AP M010-1000-1004/P2
   7  TK OK/SELK13UA3
```

▶자동정리(ETK or ERK)

■ 응답화면

```
--- RLR ---
RP/SELK13UA3/SELK13UA3           AA/SU  30MAY13/0149Z   7VMO47
7805-2890
   1 LEE/JONGSUKMR   2 BAE/SOOJINMS
   3 KE 651 E 29JUL 1 ICNBKK HK2    1740 2110   *1A/E*
   4 KE652  E 29AUG 1 ICNBKK HK2    2240 0600+1 *1A/E
   5 AP 02-123-5678
   6 AP M010-1000-1004/P2
   7 TK OK/SELK13UA3
```

■ 수동 상태코드 정리

2/HK

연습문제

1. 아래의 상황을 자동으로 정리하는 명령어는?

```
3  KE 651 E 30JUL 1 ICNBKK   UN2        1740 2110   *1A/E*
4  KE651 E  30JUL 1 ICNBKK   TK2         1805 2135   *1A/E
```

2. 아래의 코드 중 KL2에 대한 설명 중 맞는 것은?

```
3  KE 651 E 29JUL 1 ICNBKK HK2        1740 2110   *1A/E*
4  KE652  E 29AUG 1 ICNBKK KL2        2240 0600+1 *1A/E
```

① 대기자에서 OK
② 현재 대기자
③ 요청된 예약이 불가능
④ 항공사에서 응답이 없음

3. 대기자 상태인 좌석에 대해 해당 항공사가 대기자 접수도 불가한 상황이 되었음을 알려주기 위한 회신 코드는?

4. 다음 예약코드 중 성격이 다른 것은?

① HL
② LL
③ KL
④ DL

5. 상태코드가 아닌 것은?

① HK

② HL

③ RR

④ KK

Chapter 9

단체예약(Group Booking)

1 단체예약(Group Booking)의 이해

단체예약(Group Booking)이란?

항공사에 따라 단체의 구성인원은 상이할 수 있으나 일반적으로 성인 10명(소아 2명을 성인 1명으로 간주)이 두 구간 이상의 동일 구간을 같은 날짜에 함께 여행하는 경우이다. 하나의 PNR에 99명까지 예약이 가능하다.

단체예약의 형태는 항공좌석을 먼저 확보하고 승객을 모객하는 형태와 승객을 확보하고 항공좌석을 예약하는 방식이 있다.

대리점에서 단체 승객을 모객하는 방법이 상이하더라도 예약하는 방법은 동일하며 단체예약은 일반적으로 PNR 작성 후 항공사로 PNR을 전송하여 좌석을 공급받는 방식을 사용한다. 항공사는 해당 항공기의 상황에 따라 좌석을 배정하고 공급하는 것이 일반적이다.

2 단체 PNR의 작성

1) 성명

```
NG20 ARIRANG TOUR
```

Entry	설명
NG	기본지시어(NAME GROUP)
20	총 인원 수
ARIRANG TOUR	단체명(FREE TEXT 입력)

```
>NG20 ARIRANG TOUR

RP/SELK1394Z/
0. 20ARIRANG TOUR   NM: 0
```

2) 여정 작성

- Availability 조회

AN20NOVICNSIN/AKE

AN	지시어
20NOV	출발일
ICNSIN	출/목적지
/AKE	항공사

```
>AN20NOVICNSIN/AKE
AN20NOVICNSIN/AKE
** AMADEUS AVAILABILITY - AN ** SIN SINGAPORE.SG 327 MO 20NOV   0000
 1  KE 643  A2 J9 C9 D9 I9 Z5 Y9 /ICN SIN 2 1420  1955  E0/773   6:35
            B9 M9 H9 E9 K9 Q9 T5 GR
 2  KE 641  A2 J9 C9 D9 I9 Z9 Y9 /ICN SIN 2 1835  0010+1E0/77W   6:35
            B9 M9 H9 E9 K9 Q9 T5 GR
```

SS20G2/SG

SS	Segment Sell
20	요청 좌석 수
G	BKG CLS
2	Line No.
/SG	Sell Group

```
>SS20G2/SG

RP/SELK1394Z/
0. 20ARIRANG TOUR  NM: 0
  1  KE 641 G 20NOV 1 ICNSIN HN20 1835 0010  21NOV  E  0 77W D
     SEE RTSVC
```

3) GROUP FARE 입력

SR GRPF KE-GV10

```
>SR GRPF KE-GV10

RP/SELK1394Z/
0. 20ARIRANG TOUR  NM: 0
  1  KE 641 G 20NOV 1 ICNSIN HN20 1835 0010  21NOV  E  0 77W D
     SEE RTSVC
  2  KE 644 G 25NOV 6 SINICN HN20 2230 0545  26NOV  E  0 773 D
     SEE RTSVC
     WARNING : THIS SEGMENT IS 332 DAYS IN THE FUTURE
  3 SSR GRPF KE GV10
```

4) 전화번호 입력

AP 02-123-4567 KB TOURISM
AP 010-6361-1234 KB ESCOTER

```
RP/SELK1394Z/
0. 20ARIRANG TOUR  NM: 0
  1  KE 641 G 20NOV 1 ICNSIN HN20 1835 0010  21NOV  E  0 77W D
     SEE RTSVC
  2  KE 644 G 25NOV 6 SINICN HN20 2230 0545  26NOV  E  0 773 D
     SEE RTSVC
     WARNING : THIS SEGMENT IS 332 DAYS IN THE FUTURE
  3 AP 02-123-4567 KB TOURISM
  4 AP 010-6361-1234 KB ESCOTER
  5 SSR GRPF KE GV10
```

5) 항공권 발권사항 입력

TKTL10NOV

```
>TKTL10NOV
RP/SELK1394Z/
0. 20ARIRANG TOUR  NM: 0
  1  KE 641 G 20NOV 1 ICNSIN HN20 1835 0010  21NOV  E  0 77W D
     SEE RTSVC
  2  KE 644 G 25NOV 6 SINICN HN20 2230 0545  26NOV  E  0 773 D
     SEE RTSVC
     WARNING : THIS SEGMENT IS 332 DAYS IN THE FUTURE
  3 AP 02-123-4567 KB TOURISM
  4 AP 010-6361-1234 KB ESCOTER
  5 TK TL10NOV/SELK1394Z
  6 SSR GRPF KE GV10
```

6) 예약 요청자 입력

RFP
RFPAX
RFPASSENGER

```
>RF PASSENGER
RP/SELK1394Z/
RF PASSENGER
0. 20ARIRANG TOUR  NM: 0
  1  KE 641 G 20NOV 1 ICNSIN HN20 1835 0010  21NOV  E  0 77W D
     SEE RTSVC
  2  KE 644 G 25NOV 6 SINICN HN20 2230 0545  26NOV  E  0 773 D
     SEE RTSVC
     WARNING : THIS SEGMENT IS 332 DAYS IN THE FUTURE
  3 AP 02-123-4567 KB TOURISM
  4 AP 010-6361-1234 KB ESCOTER
  5 TK TL10NOV/SELK1394Z
  6 SSR GRPF KE GV10
```

7) 저장

ER + ER

1차 ER을 하면 생성될 PNR 번호를 먼저 보여주고 2차 ER(저장 및 확약)을 하면 PNR 번호가 확정되면서 완성된 PNR이 화면에 DISPLAY된다.

```
>ER
Executing File Finishing...

>ER
WARNING: CHECK TICKETING DATE
RANDOM RESERVATION NUMBER RECOMMENDED:5010-5389

--- RLR ---
RP/SELK1394Z/SELK1394Z          AA/GS  28DEC16/0545Z   372N3G
5010-5389
0. 20ARIRANG TOUR  NM: 0
  1  KE 641 G 20NOV 1 ICNSIN HN20 1835 0010  21NOV  E  KE/372N3G
  2  KE 644 G 25NOV 6 SINICN HN20 2230 0545  26NOV  E  KE/372N3G
  3 AP 02-123-4567 KB TOURISM
  4 AP 010-6361-1234 KB ESCOTER
  5 TK TL10NOV/SELK1394Z
  6 SSR GRPF KE GV10
```

3 단체예약 수정

1) 실제 승객 이름 입력 및 취소

가) 이름 입력

NM1JANG/HYUCKMR

```
>NM1JANG/HYUCKMR

--- RLR ---
RP/SELK1394Z/SELK1394Z          AA/GS  28DEC16/0545Z   372N3G
5010-5389
0. 19ARIRANG TOUR  NM: 1
  2  KE 641 G 20NOV 1 ICNSIN HN20 1835 0010  21NOV  E  KE/372N3G
  3  KE 644 G 25NOV 6 SINICN HN20 2230 0545  26NOV  E  KE/372N3G
  4 AP 02-123-4567 KB TOURISM
  5 AP 010-6361-1234 KB ESCOTER
  6 TK TL10NOV/SELK1394Z
  7 SSR GRPF KE GV10
```

① 입력된 이름 확인(실명 입력 후 반드시 ER하여 저장)

RTN

```
>RTN

RP/SELK1394Z/SELK1394Z          AA/GS  28DEC16/0545Z   372N3G
5010-5389
0. 19ARIRANG TOUR  NM: 1
BKD:20               CNL: 0                  SPL: 0
  1.JANG/HYUCKMR
```

② 이름/여정 동시 조회

RTW - 372N3G(예약번호)

```
>RTW-372N3G
--- RLR ---
RP/SELK1394Z/SELK1394Z          AA/GS  28DEC16/0545Z   372N3G
5010-5389
0. 20ARIRANG TOUR  NM: 0
BKD:20                CNL: 0                SPL: 0
  1  KE 641 G 20NOV 1 ICNSIN HN20 1835 0010  21NOV  E  KE/372N3G
  2  KE 644 G 25NOV 6 SINICN HN20 2230 0545  26NOV  E  KE/372N3G
  3 AP 02-123-4567 KB TOURISM
  4 AP 010-6361-1234 KB ESCOTER
  5 TK TL10NOV/SELK1394Z
  6 SSR GRPF KE GV10
```

나) 이름 취소

① 단체 좌석 수 변경 없이 입력된 승객 이름 삭제

3G(3번 승객 삭제)

```
>RTN

RP/SELK1394Z/SELK1394Z          AA/GS  28DEC16/0545Z   372N3G
5010-5389
0. 14ARIRANG TOUR  NM: 6
BKD:20                CNL: 0                SPL: 0
  1.JANG/HYUCKMR   2.KIM/SOOROMR   3.SUH/KYUNGSUKMR
  4.PARK/HYUNGSIKMR   5.HAMMINGTON/SAMMR   6.SHON/JINYOUNGMR

>3G

--- RLR ---
RP/SELK1394Z/SELK1394Z          AA/GS  28DEC16/0552Z   372N3G
```

```
5010-5389
0. 15ARIRANG TOUR  NM: 5
  6  KE 641 G 20NOV 1 ICNSIN HN20 1835 0010  21NOV  E  KE/372N3G
  7  KE 644 G 25NOV 6 SINICN HN20 2230 0545  26NOV  E  KE/372N3G
  8 AP 02-123-4567 KB TOURISM
  9 AP 010-6361-1234 KB ESCOTER
 10 AP 02-123-4567 KB TOURISM
 11 TK TL10NOV/SELK1394Z
 12 SSR GRPF KE GV10

 >RTN

RP/SELK1394Z/SELK1394Z           AA/GS  28DEC16/0552Z   372N3G
5010-5389
0. 15ARIRANG TOUR  NM: 5
BKD:20                CNL: 0                SPL: 0
  1.JANG/HYUCKMR   2.KIM/SOOROMR   3.PARK/HYUNGSIKMR
  4.HAMMINGTON/SAMMR   5.SHON/JINYOUNGMR
```

② NO NAME에서 감원

XE0.2

Entry	설명
XE	취소지시어
0	NO NAME FIELD
.	구분코드
2	감원할 인원 수

Original PNR

```
-- RLR ---
RP/SELK1394Z/SELK1394Z          AA/GS  28DEC16/0552Z   372N3G
5010-5389
0. 14 ARIRANG TOUR  NM: 6
  7  KE 641 G 20NOV 1 ICNSIN HN20 1835 0010  21NOV  E  KE/372N3G
  8  KE 644 G 25NOV 6 SINICN HN20 2230 0545  26NOV  E  KE/372N3G
  9 AP 02-123-4567 KB TOURISM
 10 AP 010-6361-1234 KB ESCOTER
 11 AP 02-123-4567 KB TOURISM
 12 TK TL10NOV/SELK1394Z
 13 SSR GRPF KE GV10
```

XE0.2

```
--- RLR ---
RP/SELK1394Z/SELK1394Z          AA/GS  28DEC16/0552Z   372N3G
5010-5389
0. 12 ARIRANG TOUR  NM: 6
  7  KE 641 G 20NOV 1 ICNSIN HN18 1835 0010  21NOV  E  KE/372N3G
  8  KE 644 G 25NOV 6 SINICN HN18 2230 0545  26NOV  E  KE/372N3G
  9 AP 02-123-4567 KB TOURISM
 10 AP 010-6361-1234 KB ESCOTER
 11 AP 02-123-4567 KB TOURISM
 12 TK TL10NOV/SELK1394Z
 13 SSR GRPF KE GV10
```

③ NO NAME 및 입력된 승객 감원 방법

Original PNR

```
--- RLR ---
RP/SELK1394Z/SELK1394Z          AA/GS  28DEC16/0552Z   372N3G
5010-5389
0. 14ARIRANG TOUR  NM: 6
  7  KE 641 G 20NOV 1 ICNSIN HN20 1835 0010  21NOV  E  KE/372N3G
  8  KE 644 G 25NOV 6 SINICN HN20 2230 0545  26NOV  E  KE/372N3G
  9 AP 02-123-4567 KB TOURISM
 10 AP 010-6361-1234 KB ESCOTER
 11 AP 02-123-4567 KB TOURISM
 12 TK TL10NOV/SELK1394Z
 13 SSR GRPF KE GV10

>SP3

-ASSOCIATE PNR-
RP/SELK1394Z/SELK1394Z          AA/GS  28DEC16/0552Z   XXXXXX
0.  0ARIRANG TOUR  NM: 1
  2  KE 641 G 20NOV 1 ICNSIN HN1  1835 0010  21NOV  E  KE/
  3  KE 644 G 25NOV 6 SINICN HN1  2230 0545  26NOV  E  KE/
  4 AP 02-123-4567 KB TOURISM
  5 AP 010-6361-1234 KB ESCOTER
  6 AP 02-123-4567 KB TOURISM
  7 TK TL10NOV/SELK1394Z
  8 SSR GRPF KE GV10
  9 SSR GRPS YY TCP 20 ARIRANG TOUR
  * SP 28DEC/AAGS/SELK1394Z-372N3G
```

```
>EF

--- RLR ---
-PARENT PNR-
RP/SELK1394Z/SELK1394Z           AA/GS  28DEC16/0552Z   372N3G
5010-5389
0. 14ARIRANG TOUR  NM: 5
  6  KE 641 G 20NOV 1 ICNSIN HN19 1835 0010  21NOV  E  KE/372N3G
  7  KE 644 G 25NOV 6 SINICN HN19 2230 0545  26NOV  E  KE/372N3G
  8 AP 02-123-4567 KB TOURISM
  9 AP 010-6361-1234 KB ESCOTER
 10 AP 02-123-4567 KB TOURISM
 11 TK TL10NOV/SELK1394Z
 12 SSR GRPF KE GV10
 13 SSR GRPS YY TCP 20 ARIRANG TOUR
  * SP 28DEC/AAGS/SELK1394Z-372OKA


>ET

END OF TRANSACTION COMPLETE - 372N3G - KE/5010-5389 SP-372OKA -
KE/4438-2345

>RT37ZGVW

--- AXR RLR ---
RP/SELK1394Z/SELK1394Z           AA/GS  28DEC16/0601Z   372OKA
4438-2345
0.  0ARIRANG TOUR  NM: 1
  2  KE 641 G 20NOV 1 ICNSIN HN1  1835 0010  21NOV  E  KE/372OKA
  3  KE 644 G 25NOV 6 SINICN HN1  2230 0545  26NOV  E  KE/372OKA
  4 AP 02-123-4567 KB TOURISM
  5 AP 010-6361-1234 KB ESCOTER
  6 AP 02-123-4567 KB TOURISM
  7 TK TL10NOV/SELK1394Z
  8 SSR GRPF KE GV10
  9 SSR GRPS YY TCP 20 ARIRANG TOUR
  * SP 28DEC/AAGS/SELK1394Z-372N3G
```

```
>XI

--- AXR RLR ---
RP/SELK1394Z/SELK1394Z              AA/GS  28DEC16/0601Z   372OKA
4438-2345
0.  0ARIRANG TOUR  NM: 1
  2 AP 02-123-4567 KB TOURISM
  3 AP 010-6361-1234 KB ESCOTER
  4 AP 02-123-4567 KB TOURISM
  5 TK OK28DEC/SELK1394Z
  * SP 28DEC/AAGS/SELK1394Z-372N3G


>ER

--- AXR ---
RP/SELK1394Z/SELK1394Z              AA/GS  28DEC16/0603Z   372OKA
4438-2345
0.  0ARIRANG TOUR  NM: 1
  2 AP 02-123-4567 KB TOURISM
  3 AP 010-6361-1234 KB ESCOTER
  4 AP 02-123-4567 KB TOURISM
  5 TK OK28DEC/SELK1394Z
  * SP 28DEC/AAGS/SELK1394Z-372N3G
```

- SP3 → EF → ET → PNR → XI → ER
- SP3 → EF → ET 후 Split할 PNR 삭제 → ER

SP0.2(No Name 2명과 1명 감원)

```
>SP0.2
--- AXR ---
-ASSOCIATE PNR-
RP/SELK1394Z/SELK1394Z          AA/GS  28DEC16/0601Z   XXXXXX
0.  2ARIRANG TOUR  NM: 0
  1  KE 641 G 20NOV 1 ICNSIN HN2  1835 0010  21NOV  E  KE/
  2  KE 644 G 25NOV 6 SINICN HN2  2230 0545  26NOV  E  KE/
  3 AP 02-123-4567 KB TOURISM
  4 AP 010-6361-1234 KB ESCOTER
  5 AP 02-123-4567 KB TOURISM
  6 TK TL10NOV/SELK1394Z
  7 SSR GRPF KE GV10
  8 SSR GRPS YY TCP 20 ARIRANG TOUR
  * SP 28DEC/AAGS/SELK1394Z-372OKA
  * SP 28DEC/AAGS/SELK1394Z-372N3G
```

RFPAX(Received From Passenger)

```
>RF PAX
--- AXR ---
-ASSOCIATE PNR-
RP/SELK1394Z/SELK1394Z          AA/GS  28DEC16/0601Z   XXXXXX
RF PAX
0.  2ARIRANG TOUR  NM: 0
  1  KE 641 G 20NOV 1 ICNSIN HN2  1835 0010  21NOV  E  KE/
  2  KE 644 G 25NOV 6 SINICN HN2  2230 0545  26NOV  E  KE/
  3 AP 02-123-4567 KB TOURISM
  4 AP 010-6361-1234 KB ESCOTER
  5 AP 02-123-4567 KB TOURISM
  6 TK TL10NOV/SELK1394Z
  7 SSR GRPF KE GV10
  8 SSR GRPS YY TCP 20 ARIRANG TOUR
  * SP 28DEC/AAGS/SELK1394Z-372OKA
  * SP 28DEC/AAGS/SELK1394Z-372N3G
```

EF(지시어)

```
>EF

--- AXR RLR ---
-PARENT PNR-
RP/SELK1394Z/SELK1394Z          AA/GS  28DEC16/0601Z   372N3G
5010-5389
0. 12ARIRANG TOUR  NM: 5
  6  KE 641 G 20NOV 1 ICNSIN HN17 1835 0010  21NOV  E  KE/372N3G
  7  KE 644 G 25NOV 6 SINICN HN17 2230 0545  26NOV  E  KE/372N3G
  8 AP 02-123-4567 KB TOURISM
  9 AP 010-6361-1234 KB ESCOTER
 10 AP 02-123-4567 KB TOURISM
 11 TK TL10NOV/SELK1394Z
 12 SSR GRPF KE GV10
 13 SSR GRPS YY TCP 20 ARIRANG TOUR
  * SP 28DEC/AAGS/SELK1394Z-372OKA
  * SP 28DEC/AAGS/SELK1394Z-372OQS
```

RF PAX(Received From Passenger)

```
>RFPAX

--- AXR RLR ---
-PARENT PNR-
RP/SELK1394Z/SELK1394Z          AA/GS  28DEC16/0601Z   372N3G
5010-5389
RF PAX
0. 12ARIRANG TOUR  NM: 5
  6  KE 641 G 20NOV 1 ICNSIN HN17 1835 0010  21NOV  E  KE/372N3G
  7  KE 644 G 25NOV 6 SINICN HN17 2230 0545  26NOV  E  KE/372N3G
  8 AP 02-123-4567 KB TOURISM
  9 AP 010-6361-1234 KB ESCOTER
 10 AP 02-123-4567 KB TOURISM
 11 TK TL10NOV/SELK1394Z
 12 SSR GRPF KE GV10
 13 SSR GRPS YY TCP 20 ARIRANG TOUR
  * SP 28DEC/AAGS/SELK1394Z-372OKA
  * SP 28DEC/AAGS/SELK1394Z-372OQS
```

ET(지시어)

```
>ET
Executing File Finishing ...

>ET
END OF TRANSACTION COMPLETE - 372N3G - KE/5010-5389 SP-372OQS - KE/6110-7915
```

연습문제

1. 다음 중 단체(Group)에 대한 설명 중 틀린 것은?

① 단체는 성인 10명 이상의 구성원이 두 구간 이상의 동일 구간을 같은 날짜에 여행하는 것이다.

② 하나의 PNR에는 99명까지 예약이 가능하다.

③ 실제 승객이 없어도 좌석의 선 확보가 가능하다.

④ 외국항공사로 단체를 예약할 경우는 항공사로 직접 요청해야 한다.

2. 아래의 조건으로 단체 PNR을 만들어라.

단체명 : JYP Family Tour　　인원 : 20명
여정 : 2월 15일 서울-자카르타(대한항공)
　　　2월 18일 자카르타-서울(대한항공)
항공운임 : 1인당 500,000원
전화번호 : 02-700-7000　JYP Tour
　　　　　010-9012-3456　TOUR/CONDUCT MR
항공권발권기한 : 2월 1일

3. 위의 예약에 본인 이외에 4명의 승객 이름을 입력하라.

4. 위의 예약 중 명단이 없는 승객 2명을 취소하라.

5. 위의 예약 중 명단이 없는 승객 1명과 명단이 있는 승객 1명을 동시에 취소하라.

6. 위의 예약 중 이름 입력된 3번째 승객을 취소하는 Entry는?

Chapter 10
HISTORY

1 HISTORY의 조회

HISTRORY란?

예약에서 History란 최초 PNR 작성 시의 작업내용에서부터 작성 후 이루어진 모든 변경내역, 이미 탑승을 완료한 여정을 보관 기록하고 있는 부분(완료한 여정은 PNR HISTORY 하단에 위치함)으로 1회의 Transaction 단위로 작업한 내용의 번호를 통해 모두 구분되어 기록된 것이다. 여정이 완료된 것은 PNR 하단에 표시된다.

HISTORY는 승객과 여행사 간, 여행사와 항공사 간 예약 관련 문제가 발생할 경우 확인하는 용도가 주 사용 기능이다.

1) 조회 방법

History 조회 방법은 변경 내역별로 HISTORY CODE로 구분되어 있는데 취소된 내용은 "X"로 추가된 내용은 "A"로 구분하기 쉽도록 기록되어 있다.

○○○ : 최초 PNR 생성 시 작업내용

(이름, 여정, OSI/SSR element, OPTION element, RCVD From, Communications reference만 Step number ○○○에 기록됨)
001 : PNR 완성 후 최초 변경 작업내용
000/002 : 변경내용이 수정이나 삭제일 경우 최초 기록 생성 시의 입력된 순서 000/ 수정, 삭제 시 순서 002

2) 조회 Entry

ON(Original Name)	최초 입력 이름
OS(Original Segment)	최초 입력 SEG
OR(Original SSR)	최초 입력 SSR사항
RF(Received From)	예약 및 수정 요청자
SA(Added SSR)	추가된 SSR사항
XS(Cancelled Segment)	취소된 SEG
AS(Added Segment)	추가된 SEG
SP(Split Party)	PNR이 Split됨

2 PNR HISTORY 조회 ENTRY

지시어	기능
RH	Queue History를 제외한 전체 History
RHQ	Queue History
RH/ALL	RH + RHQ
RHI	Itinerary Segments
RHJ	Phone Elements
RHN	Name Elements
RHS*	* : Segment Number(Active Segment만 조회 가능)

3 PNR HISTORY의 이해

RH

① RP/SELK13UA3/SELK13UA3 KB/SU 20MAR13/1705Z 4MCHOI 6361-3088

> PNR의 Header 부분이 PNR(4MCHOI)의 예약 Office와 발권 TL 등의 Queuing Office는 SELK13UA3이고 GMT 기준 2013년 3월 20일 17시 05분에 KB/SU Agent에 의해 update됨

② ○○○ ON/YOO/SOOYOUNGMR KIM/SOOROMR NA/AGAMISS(CHD/05MAY05)

최초 PNR 생성 시의 승객 이름

③ ○○○ OS/KE643 Y 10SEP 2 ICNSIN LK3 1420 1955/NN *1A/E*

최초 PNR 생성 시의 SEG

④ ○○○ MS/RSVN/KE/6361-3088

Random RSVN NBR Recommend Data로 8자리 숫자로 된 예약번호

⑤ ○○○ OR/SSR CHLDTGHK1 05MAY05/ NA/AGAMISS(CHD/05MAY05)

최초 PNR 생성 시 SSR사항으로 입력된 Child 생년월일

⑥ ○○○ OQ/OPW-20MAR:1500/1C7/KE TICKET TIME LIMIT WILL BE GIVEN LATER / KE643 Y 10SEP ICNSIN

- OQ : Original Option Element → 최초 예약 시 생성된 Option Element
- OPW : Notification Element Code → 발권시한 warning 목적으로 생성된 code 20MAR: 1500/1C7 : TL관리를 위해 Local time기준 3월 20일 1500시에 Queue1 Catagory7로 Queuing TG의 TL은 추후 통보 예정이므로 해당 Queue1 Catagory7에서 TL 통보 여부 확인 필요

⑦ ○○○ RF-P-SOUTHKOREA/S1S2742 CR-SELK13UA3 17326361 SU 0031AA/ MS-M1S3CHOI KB8MS4CHI 79229020 20MAR1256Z

- 최초 End of transaction 시 입력된 내용

RF : Received From indicator
P - SOUTHKOREA/S1S2742 :
PAX로부터 예약 요청받았고 예약 작성한 Agent의 프로파일에서 이관된 data

CR	: Communications Reference Indicator
SELK13UA3	: 예약 작성 Office ID
17326361	: 예약 작성 Agent의 IATA Code
SU 0031AA	: 예약 작성 Agnet의 Duty code와 sign
/MS	: Remote Office sign-in
M1S3CHOI	: Terminal Identifier
KB8MS4CHI	: Remote Office ID

(원격으로 SELK13UA3에 Sine-in한 Agent의 OFC ID)

79229020	: Remote IATA Code

⑧ ○○1 RF-P CR-SELK13UA3 17326361 SU 0031AA 20MAR1256Z

1ST 변경내역으로 TKTL 입력으로 인한 AUTO Q-ING로 발생됨

☞ Queue 관련 History는 RHQ로 확인가능

```
RHQ
RP/SELK13UA3/SELK13UA3          AA/SU  20FEB13/1302Z   6TR8FQ
6361-3088
001 QA/QE8C3D1
001 RF-P CR-SELK13UA3 17326361 SU 0031AA   20FEB1256Z
```

☞ Queue8 Category3 Date range 1로 AUTO Q-ING

⑨ ○○2 AS/KE643 Y 15SEP 7 ICNSIN LK3 1420 1955 /NN *1A/E*

Added Segment : 2nd 변경내역(002)이며 KE643 15SEP ICN/BKK SEG 추가

⑩ ○○○/○○2 XO/OPW-20MAR:1500/1C7/KE TICKET TIME LIMIT WILL BE GIVEN LATER/KE643 Y 10SEP ICNSIN

Canceled Optional Element : SEG 추가로 인해 최초 입력된(○○○) 내용이 삭제됨(002)

⑪ ○○2 AO/OPW- 20MAR:1500/1C7/KE TICKET TIME LIMIT WILL BE GIVEN LATER / KE643 Y 10SEP ICNSIN/KE643 Y 15SEP ICNSIN

Added Option Element : SEG 추가로 인해 KE TL 관련 새로운 OPW 내용 입력

⑫ ○○2 RF-P-SOUTHKOREA/SYSY324 CR-SELK13UA3 17326361 SU 0074AA/ MS-M1S3CHOI KB8MS4CHI 79229020 20MAR1256Z

2ND 변경내역(002)의 요청자와 작업 일시, 직원 sign, Terminal, OFC ID가 반영

Chapter 11

항공사 마일리지 회원 관리

1 FQTV(Frequent Flyer Information) 입력

항공사는 고객관리를 위해 항공사 탑승 마일리지를 적립하여 다양한 방법으로 고객에게 혜택을 주고 있다. 따라서 항공예약 시 항공사 마일리지 카드 회원번호를 입력하여 놓으면 항공권 Check-In 시 탑승 마일리지가 자동 누적되는 기능이다.

■ FQTV 지시어 정리

Entry	기능
FFAKE-BK12345678	항공사에서 FQTV 정보를 제공하는 경우 마일리지 회원번호를 입력하는 지시어로 FQTV와 승객 이름이 자동 입력된다.
FFNAA -12345679	항공사에서 FQTV 정보를 제공하지 않는 경우 마일리지 회원번호를 입력하는 지시어로 승객 이름 입력 이후 FFN을 입력한다.
FFNAA-12345678,JL	탑승 항공사와 회원 가입 항공사가 다른 경우 입력 지시어 (AA : 가입항공사, JL : 탑승항공사)
FFD6X-1234567	마일리지 카드 조회
VFFD KE	특정 항공사 KE와 마일리지 협정 제휴 항공사 리스트 조회

① 항공사에서 FQTV 정보를 제공하는 회원번호 입력

```
FFAKE-BK 21905728
```

해당 승객 이름이 자동 입력되었고, 항공사로부터 Validate 되었음을 의미한다.

② 항공사에서 FQTV 정보를 제공하지 않는 회원번호 입력
(승객 이름을 먼저 입력하고 회원번호를 입력)

FFNAA-12345678

```
>FFNAA-12345678

RP/SELK1394Z/
  1.NA/MOMOMS
  2 SSR FQTV AA HK/ AA12345678
```

③ 탑승 항공사와 마일리지 가입 항공사가 다른 경우 회원번호 입력

FFNAA-12345678,JL(회원가입은 AA, 탑승 항공사는 JL인 경우)

```
>FFNAA-1245678,JL

--- RLR ---
RP/SELK1394Z/SELK1394Z           JM/SU   4JAN17/0656Z   379KLQ
4942-4180
  1.NA/MOMOMS
  2  JL 954 Y 20NOV 1 ICNNRT HK1  1045 1310  20NOV  E JL/379KLQ
  3  JL 959 Y 25NOV 6 NRTICN HK1  1835 2130  25NOV  E JL/379KLQ
  4 AP A02-123-4567 KB TOURISM MS.CHOI
  5 TK OK04JAN/SELK1394Z
  6 SSR FQTV JL HK/ AA12345678
  7 OPW SELK1394Z-05NOV:1045/1C7/JL REQUIRES TICKET ON OR
        BEFORE 06NOV:1045 SEL TIME ZONE/TKT/S2-3
  8 OPC SELK1394Z-06NOV:1045/1C8/JL CANCELLATION DUE TO NO
       TICKET SEL TIME ZONE/TKT/S2-3
```

④ 마일리지 카드번호 조회

FFD6X-1234567

```
>FFD6X-1234567

1234567
MARSHALL/DAVID MR
EMERALD
```

⑤ 특정 항공사와 마일리지 협정이 맺어져 있는 항공사 리스트 조회

VFFDKE(KE 항공사와 협정이 되어 있는 항공사 리스트 조회)

```
>VFFDJL

VFFDKE

FF AGREEMENTS                                KE AGREEMENTS: 031
------------------------------------------------------------------
KE.  / AA. AE. AF. AM. AR. AS. AZ. CI. CZ. DL. EK. EY. FM. GA.
       G3. HA. HV. KL. KQ. ME. MF. MU. NW. OK. RO. SU. SV. UX.
       VE. VN. 9W.
```

Chapter 12
사전좌석배정

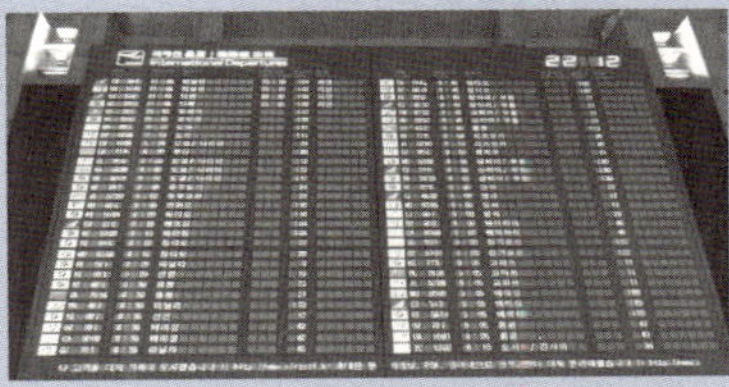

사전좌석배정이란?

항공좌석 예약 시 승객이 선호하는 기내 좌석번호를 미리 지정해 주는 것이다. 좌석배치도(Seat Map)를 제공하는 항공사에 한해 사전좌석배정이 가능하다.

1 항공사별 SEAT MAP 기능 확인

① GGPCA Airline Code(해당 항공사의 기능 제공여부 확인)

```
>GGPCAKE

PARTICIPATING CARRIER ACCESS AND FUNCTION LEVEL
KE  -  KOREAN AIR
                                    ALTEA RESERVATION :  YES
    ACCESS INDICATOR :  /        RECORD LOCATOR RETURN :  ALL
LAST SEAT AVAIL INDIC :  /       CARRIER PREFERRED DISP :  ALL
     STANDARD ACCESS :           BOOKING RANGE IN DAYS :  361
  AMADEUS ACCESS SELL :  YES       INTERACTIVE SEAT MAP :  YES
 DYNAMIC SCHEDULE UPD :  YES           INTERACTIVE ASR :  YES
 NUMERIC AVAIL UPDATE :  YES            ASR DAYS/HOURS :  361/24
AMADEUS DYNAMIC AVAIL :  YES        BP ISSUE DAYS/HOURS :  000/00
       DIRECT ACCESS :

 PASSIVE SEGMENT:        PASSIVE NOTIFY:            PNR CLAIM:
 SERVICE SEGMENT:        DELETE SEGMENT:           TICKETLESS:
 MEAL VALIDATION:        FREQUENT FLYER: Y               EPAY:
FOR DECODING ENTER :             E-TKT NBR TRANSMISSION:ALL

GGPCALDEC    FOR MENU)        PAPER TKNB TRANSM. VIA FA:IND. ONLY
GGPCALDEC1   FOR ACCESS)  PAPER TNB TRANSM. VIA FHA/FHM:ALL
GGPCALDEC2   FOR FUNCTION)    OPERATIONAL MVT/DIV FLIFO:Y
```

② GGAIRLHSEAT(항공사에서 제공하는 Seat Assign 확인)

```
>GGAIRLHSEAT
                    GGAIRLHSEAT                    EN    28JUL16  1325Z
-----------------------------------------------------------------------
LH INTERCONTINENTAL FLIGHTS (A330 AND LARGER)...........28APR14 >MS 043
   INFANT SEATING, BASINETS IN F-CABIN .................        >MS 064
   MAXIMUM NUMBER OF INFANTS PER BLOCK/ROW .............        >MS 085
   BULKHEAD ROW ........................................28APR14 >MS 085
LH CONTINENTAL FLIGHTS (A321 AND SMALLER) ..............        >MS 106
   SEAT RESERVATION IN BUSINESS AND ECONOMY CABINS......28JUL15 >MS 106

PREFERENTIAL SEATING AND LAST TO BE OFFERED.............        >MS 127
SK ELEMENT FOR HON/SEN ACCOMPANYING PAX ................        >MS 148
RESTRICTION ON EXIT ROWS, LEG SPACE SEATS...............        >MS 169
ACCESS TO H-ANDICAPPED SEATS ...........................        >MS 190
SEAT ASSIGNMENT FOR GROUPS..............................        >MS 190
DISPLAY PRIORITY IN THE CRYPTIC SEAT MAP DISPLAY........01JUN16 >MS 211
BOOKING CHARGEABLE SEATS................................28NOV13 >MS 232
HON OR SEN-SEATING INCL. COMPANIONS.....................11NOV13 >MS 148

FOR EXST AND CBBG REFER TO NEXT PAGE....................        >MD

EXTRA SEAT FOR COMFORT - EXST..................................>GP RES.640
CABIN BAGGAGE ON EXTRA SEAT - CBBG.......................... >GP BAG.190
```

2 사전좌석배정

1) PNR에서 좌석배정 방법

① PNR 조회

```
--- RLR SFP ---
RP/SELK1394Z/SELK1394Z          AA/SU   4JAN17/0510Z   379F38
9498-8590
  1.NA/MOMOMS
  2  KE 081 M 20FEB 1 ICNJFK HK1  1000 1000  20FEB  E  KE/379F38
  3  DL 423 Y 25FEB 6 JFKLAX HK1  1200 1530  25FEB  E  DL/
  4  KE 018 M 01MAR 3 LAXICN HK1  1100 1740  02MAR  E  KE/379F38
  5 AP A02-123-4567 KB TOURISM MS.CHOI
  6 AP M010-1234-5678
  7 TK OK04JAN/SELK1394Z
  8 SSR VGML KE HK1/S2
  9 SSR VGML KE HK1/S4
 10 SSR VGML DL HN1/S3
 11 OPW SELK1394Z-17JAN:1900/1C7/KE REQUIRES TICKET ON OR BEFORE
        18JAN:1900/S2,4
 12 OPC SELK1394Z-18JAN:1900/1C8/KE CANCELLATION DUE TO NO
        TICKET/S2,4
 13 RM NOTIFY PASSENGER PRIOR TO TICKET PURCHASE & CHECK-IN:
       FEDERAL LAWS FORBID THE CARRIAGE OF HAZARDOUS MATERIALS -
       GGAMAUSHAZ/S2-4
```

② SM 3 여정번호지정 좌석배치도 조회

- 첫 번째 라인의 2, 3, 4, 5 - 20번대 라인, 30번대 라인, 40번대 라인, 50번대 라인 아래에 89012357 8901234567890 - 20, 30, 40, 50번대 좌석번호의 일의 자릿수이며, 좌측의 알파벳 : 좌석배치도의 행을 나타낸다.
- 좌석배치도 구분

```
>SM3

SM DL 0423/Y/25FEBJFKLAX                          /S003/
UNABLE TO DISPLAY POSSIBLE CHARGEABLE SEATS
SM DL  0423  Y 25FEB JFKLAX      W6E
  Y
  0 0       0       0
  1 2       3       4
  890 1234567890123456789012
    <BE         >
G VVV VVVV++++..........X.                        G
F VVV VVVV+++..+........X.                        F

E VVV XVVV+..+..........X..                       E
D ... X......+.........+X..                       D
C VVV XVVV++.+.........+X..                       C

B VVV VVVV+++..+.......+X.                        B
A VVV VVVV+++..........+X.                        A
. AVAILABLE   <> WING     F GEN FACI  K GALLEY   E EXIT    C COT
+ OCCUPIED    - LAST OFF  H HANDICAP  Q QUIET    G GROUPS  P PET
/ RESTRICTED  B BULKHEAD  V PREF.SEAT X BLOCKED  L LEGROOM U UMNR
() SMOKING    D DEPORTEE  UP UP-DECK  Z NO FILM  I INFANT  R REAR
Y CHARGEABLE
```

③ ST/43J(좌석지정)

```
>ST/18D
--- RLR SFP ---
RP/SELK1394Z/SELK1394Z          AA/SU   4JAN17/0510Z   379F38
9498-8590
  1.NA/MOMOMS
  2  KE 081 M 20FEB 1 ICNJFK HK1  1000 1000  20FEB  E KE/379F38
  3  DL 423 Y 25FEB 6 JFKLAX HK1  1200 1530  25FEB  E  DL/
  4 KE 018 M 01MAR 3 LAXICN HK1  1100 1740  02MAR  E  KE/379F38
  5 AP A02-123-4567 KB TOURISM MS.CHOI
  6 AP M010-1234-5678
  7 TK OK04JAN/SELK1394Z
  8 SSR RQST DL HK1 JFKLAX/18DN,P1/RS/RS/S3   SEE RTSTR
  9 SSR VGML KE HK1/S2
 10 SSR VGML KE HK1/S4
 11 SSR VGML DL HN1/S3
 12 OPW SELK1394Z-17JAN:1900/1C7/KE REQUIRES TICKET ON OR
    BEFORE18JAN:1900/S2,4
 13 OPC SELK1394Z-18JAN:1900/1C8/KE CANCELLATION DUE TO NO
    TICKET/S2,4
```

2) 좌석배정 기본 명령어

ST/좌석번호(기본ENTRY)

① SEG와 승객 이름 함께 지정

ST/29K/S3/P1

Entry	설명
ST	좌석지정 기본키
/29K	Slash, 좌석번호 29K
/S3	Slash, Seg 3번
/P1	1번 승객

② 두 명 이상 승객의 연결 Seat 지정

ST/37EF

Entry	설명
ST	좌석지정 기본키
/37EF	Slash, 37E와 37F 요청

③ 좌석번호 입력 없이 복도 Seat 지정

ST/A/S4-5/P1

Entry	설명
ST	좌석지정 기본키
/A	/Aiale side
S4-5	Segment 4-5번
P1	승객번호

3) SEAT MAP을 제공하지 않는 항공사의 사전좌석배정

가) 규정 보기

```
>GGPCAAI

PARTICIPATING CARRIER ACCESS AND FUNCTION LEVEL
AI  -  AIR INDIA LIMITED

                                 ALTEA RESERVATION :
    ACCESS INDICATOR :  /        RECORD LOCATOR RETURN :  ALL
LAST SEAT AVAIL INDIC :  /       CARRIER PREFERRED DISP :
     STANDARD ACCESS :           BOOKING RANGE IN DAYS :  330
  AMADEUS ACCESS SELL :  YES       INTERACTIVE SEAT MAP :  YES
 DYNAMIC SCHEDULE UPD :  YES           INTERACTIVE ASR :  YES
 NUMERIC AVAIL UPDATE :  YES           ASR DAYS/HOURS :  330/24
AMADEUS DYNAMIC AVAIL :  YES       BP ISSUE DAYS/HOURS :  000/00
       DIRECT ACCESS :  AVL SCH PNR SMP

 PASSIVE SEGMENT: Y      PASSIVE NOTIFY: Y        PNR CLAIM: Y
 SERVICE SEGMENT:        DELETE SEGMENT:          TICKETLESS:
 MEAL VALIDATION:        FREQUENT FLYER:              EPAY:

FOR DECODING ENTER :              E-TKT NBR TRANSMISSION:ALL
GGPCALDEC   FOR MENU)          PAPER TKNB TRANSM. VIA FA:ALL
GGPCALDEC1  FOR ACCESS)  PAPER TNB TRANSM. VIA FHA/FHM:FHA ONLY
GGPCALDEC2  FOR FUNCTION)    OPERATIONAL MVT/DIV FLIFO:YY
```

나) 예약 불러오기

```
--- RLR ---
RP/SELK1394Z/SELK1394Z          AA/SU   4JAN17/0536Z   379G7O
4672-6767
  1.NA/MOMOMS   2.NA/ADULT MR
  3  AI 330 Y 20OCT 5 BOMBKK HK2  0145 0720  20OCT  E  AI/
  4 AP A02-123-4567 KB TOURISM MS.CHOI
  5 TK OK04JAN/SELK1394Z
```

다) 좌석요청

ST/NSSW

Entry	설명
ST	좌석지정 기본키
NSSW	Non Smoking Seat Window

```
>ST/NSSW

--- RLR ---
RP/SELK1394Z/SELK1394Z          AA/SU   4JAN17/0536Z   379G7O
4672-6767
  1.NA/MOMOMS   2.NA/ADULT MR
  3  AI 330 Y 20OCT 5 BOMBKK HK2  0145 0720  20OCT  E  AI/
  4 AP A02-123-4567 KB TOURISM MS.CHOI
  5 TK OK04JAN/SELK1394Z
  6 SSR NSSW AI NN2 BOMBKK/S3   SEE RTSTR
```

■ HELP의 좌석배치도 참고

```
>HEST.316

                    ADVANCE SEAT        EN  14JUN16 0822Z

SEAT WISH
---------
WHEN ADVANCE SEAT RESERVATION IS NOT POSSIBLE, FOR EXAMPLE IF
THE DEPARTURE DATE OF THE FLIGHT IS OUTSIDE THE DATE RANGE THAT
IS SET BY THE AIRLINE, YOU CAN INDICATE SEATING PREFERENCE
USING A SEAT WISH ENTRY.

VALID SEATING PREFERENCE INDICATORS ARE:

NSST  NON-SMOKING SEAT
SMST  SMOKING SEAT               NSSB  NON-SMOKING BULKHEAD SEAT
RQST  SPECIFIC SEAT + SEAT NO.   SMSB  SMOKING BULKHEAD SEAT
NSSA  NON-SMOKING AISLE SEAT     NSSW  NON-SMOKING WINDOW SEAT
SMSA  SMOKING AISLE SEAT         SMSW  SMOKING WINDOW SEAT

SEAT WISH FOR PASSENGERS ON ALL OR FIRST FIVE SEGMENTS,
ENTER:        ST/SMST

SEAT WISH WITH SPECIFIC SEAT NUMBER,
ENTER:        ST/RQST/12F                              >MD
```

4) 좌석배정 삭제

SX/S3(좌석배정된 항목 삭제)

Entry	설명
SX	좌석 삭제 기본지시어
/S3	3번 Segment

```
--- RLR ---
RP/SELK1394Z/SELK1394Z          AA/SU   4JAN17/0536Z   379G7O
4672-6767
  1.NA/MOMOMS   2.NA/ADULT MR
  3  AI 330 Y 20OCT 5 BOMBKK HK2  0145 0720  20OCT  E  AI/YKZ0Q
  4 AP A02-123-4567 KB TOURISM MS.CHOI
  5 TK OK04JAN/SELK1394Z
  6 SSR NSSW AI NN2 BOMBKK/S3   SEE RTSTR

>SX/S3
--- RLR ---
RP/SELK1394Z/SELK1394Z          AA/SU   4JAN17/0536Z   379G7O
4672-6767
  1.NA/MOMOMS   2.NA/ADULT MR
  3  AI 330 Y 20OCT 5 BOMBKK HK2  0145 0720  20OCT  E  AI/YKZ0Q
  4 AP A02-123-4567 KB TOURISM MS.CHOI
  5 TK OK04JAN/SELK1394Z
```

PART

Ⅱ

호텔예약

호텔예약

1 호텔(Amadeus System)예약의 기초

Amadeus는 전 세계적인 유수업체의 약 240개 호텔 체인과 58,000여 개의 시스템을 연결하여 항공편과 더불어 부대여정(호텔, 렌트카, 입장권) 또한 예약이 가능하다.

1) Encoding & Decoding(HE CON,GP ENC)

☺ DNH(Do Know Hotel)

Decode	DNH SHILLA	호텔 Chain 이름 코드화하기
Encode	DNH HI	호텔 Sub Chain 이름 코드 풀기

2) 호텔 List 조회

도시, 공항, 국가 코드를 이용하여 각 나라별 호텔 조회가 가능하다.

(1) 도시 또는 공항 코드를 이용한 호텔 List 조회

> HLCAI [HL : 호텔 List , CAI : 도시 또는 공항 코드]

```
>HLCAI

   AR TR  CTY  HOTEL NAME        ALL AREAS              EG CAI
AA D  T   CAI  HL!RAMSES HILTON
AB N  T   CAI  IC!INTERCONTINENTAL CAIRO CITYSTA
AC R  T   CAI  BC!DUSIT THANI LAKEVIEW CAIRO
AD S  T   CAI  RA!RAMADA EL SOKHNA
AE A  F   CAI  TA!LE PASSAGE CAIRO HOTEL & CASINO
AF D  T   CAI  ZX!THE NILE HOTEL
AG N  R   CAI  FA!FAIRMONT NILE CITY - CAIRO
```

〈Category 설명〉

코드	설명
AA,AB,AC..	라인번호
AR	Area ☺ 코드테이블 참조
TR	호텔까지의 교통편 ☺ 코드테이블 참조
CTY	도시코드
HOTEL NAME	호텔 체인 코드, Access Level, 호텔명
ALL AREA	Hotel List for All Location
EG CAI	국가코드, 도시코드

(2) PNR을 이용한 호텔 List 조회

> HLS2(2번 Segment 도시의 호텔 조회)

```
RP/SELK1394Z/SELK1394Z          AA/GS  12JAN16/0602Z   26KJ3K
5347-4077
  1.PARK/WOOYOUNG MR
  2  KE 901 Y 24DEC 6 ICNCDG HK1  1400 1820  24DEC  E  KE/26KJ3K
  3  KE 902 Y 30DEC 5 CDGICN HK1  2100 1555  31DEC  E  KE/26KJ3K
  4 APM 010-111-1111
> HLS2
SEE ALSO: LBG ORY PAR QNL XCV XSV XVE XVP
   AR TR  CTY  HOTEL NAME       ALL AREAS                FR CDG
AA A  T   CDG  MC!PARIS CDG AIRPORT MARRIOTT
AB A  F   CDG  MU!MILLENNIUM HOTEL PARIS CDG
AC N  T   CDG  NN!CAMPANILE CREIL - VILLERS SAINT PAUL
AD A  F   CDG  SI!SHERATON PARIS CDG AIRPORT HTL
AE A  T   CDG  HY!HYATT REGENCY PARIS-CDG
AF N  T   CDG  FG!RELAIS SPA PARIS ROISSY CDG 5*
AG A  F   CDG  RT!IBIS STYLES ROISSY CDG
AH S  T   CDG  RT!IBIS PARIS EPINAY SUR SEINE
```

(3) 호텔 List를 이용한 Availability 및 요금 조회

> **> HLS2 → HAAH [HA : 기본지시어 , [AH] 호텔 리스트 라인번호]**

Entry 화면 1

```
> HAAH

**** ACCOR HOTELS ****
FR CDG                       TU 12JAN16-13JAN16      OCC:1
 RT!IBIS PARIS EPINAY SUR SEINE    CDGEPI  S  TAXI
  1) 79.00        E HAPPY 20 RATE12345645698778965 41
     80.08       EI STANDARD ROOM WITH 2 SINGLE BEDS GB
    C2TD20  EUR    TEST GB
    CHECK HP      H:19:00                COM:NO
  2)79.00        E HAPPY 20 RATE12345645698778965 41
    80.00       EI ROOM FOR 1 OR 2 PERSONS
    ROHD20  EUR    ROOM:WCR
    CHECK HP      H:19:00                COM:NO
  3)85.00        E IBIS RATE
    86.08       EI STANDARD ROOM WITH 2 SINGLE BEDS GB
    C2TPIB  EUR    TEST GB
    CHECK HP      H:19:00                COM:NO
```

☞ 호텔 List 조회 추가 Option

Entry	설명
HLXXPAR	[HL] 기본지시어 / [XX] 호텔 체인 코드 / [PAR] 도시코드
HLPAR/AR-D-N	[HL] 기본지시어 / [PAR] 도시코드 [AR-D-N] Area는 Down Town, North of The City
HLXXUS 또는 HLXXUSFL	[HL] 기본지시어 / [XX] 호텔 체인 코드 / [US] 국가코드 [FL] 주 코드
HL*FR/CT-JUAN LES PINS	IATA 도시코드가 없는 City의 호텔 리스트 조회 [HL] 기본지시어 [FR] 국가코드 [CT-JUAN LES PIN] 도시 이름 JUAN LES PIN
HLCAI/HN-RAMSES	호텔 이름 이용 목록 조회 [HN] 기본지시어 [RAMSES] 호텔명
HAAB20JUN-2	HL 조회 후 → AB 라인의 Check in 일자를 20JUN, 2박 체류조건으로 변경하여 Single Property Availability를 조회
HL	Single Property, Multi Property 조회 중, 호텔 List 보기

2 Hotel Availability

1) Access Level

호텔 Availability 정보가 Amadeus Data에서 제공되는가, 호텔 체인에서 직접 제공하는가에 따라 4가지 Access Level로 나누어진다. 호텔 Availability 조회 시 호텔 체인 코드와 호텔명 사이에 부호(! , + , /)로 표시된다.

<table>
<tr><th>Indicator</th><th>설명</th></tr>
<tr><td>!</td><td>Dynamic Access
• Single Property와 Multi Property Availability Display를 모두 호텔 시스템으로부터 Data를 전송 받음
• Dynamic Access의 경우, Rate 앞에도 표시가 되는데, 표시가 누락된 경우는 일시적인 시스템 Disconnection으로 표시된 정보가 Amadeus System으로부터 전송되었음을 의미함

HOTEL DYNAMIC ACCESS (!)
----
1 CH ! HOTEL MARRMUR D EUR
! 160.00-190.00</td></tr>
<tr><td>+</td><td>Complete access plus(CA+)
• Single Property인 경우만 호텔 시스템으로부터 Data를 전송 받음
Multi Property Availability의 경우 Amadeus system으로부터 Data를 전송 받음
• 호텔 Confirmation 번호 전송</td></tr>
<tr><td>/</td><td>Complete access(CA)
• Amadeus system으로부터 Data를 전송 받음
호텔 Confirmation 번호 전송</td></tr>
<tr><td>없음
(Blank)</td><td>Standard Access
Amadeus system으로부터 Data를 전송 받음</td></tr>
</table>

2) Availability 조회

Multi Property Entry 방법으로 조회 시 여러 체인 호텔의 Availability가 모두 조회된다.

(1) 기본 Entry

> HA PAR 1DEC-6DEC 또는 HA PAR 1SEP-5

HA : Hotel Availability와 요금 조회 기본지시어

PAR : 도시 (공항) 코드

1DEC : Check-In 날짜

6DEC : Check-Out 날짜

☺ Check In, Out 일자를 지정하지 않으면 현재 날짜로 인식함

4 : 숙박 기간

- 체류 일자나 Check-Out 날짜를 지정하지 않으면 1박으로 인식

```
> HA PAR 1DECP-6DEC
FR PAR          ALL AREAS           WE  1DEC16-6DEC16    OCC:1
                                         AR  CUR
 1 RT!MERCURE PARIS CTR TOUR EIFFEL           D  EUR
                                    =!      0.70-360.00
 2 BW!BW PREMIER 61 PARIS NATION HTL         D  EUR
                                    =!     420.00-500.00
 3 NN!CAMPANILE LE BOURGET - GONESSE        D  EUR
```

Access Level 앞의 [=] 표시는 BAR(Best Available Rate) Guarantee로, 호텔 체인에 의해 보증되는 최적의 운임임을 표시한다.

(2) PNR 여정에서 Availability 조회

PNR의 항공여정 번호를 이용하여 Multi-Property Availability를 조회할 수 있다.

Entry 화면 1

```
> RP/SELK1394Z
RP/SELK1394Z/SELK1394Z          AA/GS  12JAN16/0602Z   26KJ3K
5347-4077
  1.KIM/JUNGBONGMR
  2  KE 901 Y 24DEC 6 ICNCDG HK1  1400 1820  24DEC  E  KE/26KJ3K
  3  KE 902 Y 30DEC 5 CDGICN HK1  2100 1555  31DEC  E  KE/26KJ3K
  4 APM 010-111-1111
```

CDG에서 Hotel Availability를 조회하기 위해서

> HAS2

HA : Hotel Availability와 요금 조회 지시어

S2 : 여정 번호

Hotel availability의 check-in/out 날짜는 자동적으로 다음과 같이 설정된다.

- Check-In 날짜는 비행편 도착 날짜
- Check-Out 날짜는 다음 여정의 출발 날짜
- 다음 여정이 없는 경우 1박으로 설정된다.

```
> HAS2
FR CDG          ALL AREAS            SA  24DEC16-30DEC16    OCC:1
                                              AR  CUR
  1 CI!COMFORT HOTEL CDG GOUSSAINVILL              D  EUR
                                      =!    59.00-68.00
  2 RT!IBIS PARIS ST-DENIS STAD OUEST              S  EUR
                                      =!    79.00-120.00
  3 RT!SUITE NOVOTEL CDG PARIS NORD 2              E  EUR
                                      =!    30.00-100.00
  4 RT!SUITE NOVOTEL PARIS ROISSY CDG              A  EUR
                                      =!   130.00-130.00
  5 RT!SUITE NOVOTEL PARIS ST DENIS                D  EUR
                                      =!    80.00-100.00
  6 RT!IBIS SAINT GRATIEN                          D  EUR
                                      =!    69.00-79.00
  7 HL!HILTON PARIS CDG                            A  EUR
```

〈Category 설명〉

코드	설명
FR CDG	국가, 공항 코드
TU	Check 날짜 및 요일
24DEC13-30DEC13	Check In & Check Out 날짜
OCC:1	Occupancy (Single)

〈Category 설명〉

코드	설명
HY!	HY :호텔 체인 코드(예: Hyatt) /! : Access Level (예: Dyanamic Access) 호텔 체인 : DNHHY로 확인
HYATT REGENCY PARIS-CDG	호텔 이름
A	위치 코드 : A(Airport) ☺ 코드테이블 참조
EUR125.00-156.00	통화 코드(예: 유로) / 최저-최고 요금(EUR125.00-156.00)
=!	= : BAR(Best Available Rate) Guarantee, ! : Dynamic Access

☺ BAR(Best Available Rate) Guarantee?

THE BAR INDICATOR ACTS AS A GUARANTEE THAT THE RATES AVAILABLE IN THE DISTRIBUTION SYSTEM ARE THE BEST AVAILABLE PUBLIC RATES FOR:

- RACK RATES
- NON-NEGOTIATED RATES
- CORPORATE RATES
- WEEKEND RATES
- LOWEST UNRESTRICTED
- PROMOTIONAL/SPECIAL RATES

(3) Special Rate 코드(특별 요금)

Availability entry 뒤에 Special rate(/SR-) option을 추가할 수 있다.

> HASEL24DEC/SR-PRO   [PRO: Promotional Rate 코드]

```
> HASEL24DEC/SR-PRO
KR SEL          ALL AREAS          SA  24DEC16-25DEC16    OCC:1
                                          AR  CUR
  1 PU!GRAND AMBASSADOR SEOUL              S  KRW
     PRO                          =!        50-999000
  2 HL!MILLENNIUM SEOUL HILTON             N  KRW
     PRO                          =!     242000-905000
  3 RA!RAMADA HOTEL SEOUL                  D  KRW
     PRO                          =    9999999.00-9999999.00
  4 MC!MARRIOTT EXECUTIVE APTS SEOUL       D  KRW
     PRO                          =!     340000-520000
```

- Multi-property availability와 요금 조회에서 RAC Rate를 제외하고 한 개 이상의 Special Rate를 동시에 3개까지 요청할 수 있으며 지정한 요금 중 최소 한 개에 대해서는 응답을 받을 수 있다.
- Special rate를 요청하였으나 상기 화면의 4와 같이 rate 코드가 표시되지 않은 경우는 해당 rate는 있으나 예약은 불가한 경우이다.

3) Single Property Availability

특정 호텔 1개를 조회하는 화면으로 Availability 조회 후, 특정 호텔을 선택할 수 있다.

(1) Single Availability 조회

> HALON24DEC-2 → HA2

HA : Hotel Availability와 요금 조회 지시어
LON : 공항 또는 도시 코드
24DEC-2 : Check in날짜와 숙박 일수(Check Out 일자 대신 숙박 일수로 입력도 가능)
/CO- : Hotel Company Option Code
HL : Hotel Chain Code ☺DNH HL로 확인가능

HA1 : Single Property로 조회하고자 하는 라인 번호

```
> HALON24DEC-2

FR PAR              ALL AREAS          SA  24DEC16-26DEC16    OCC:1
                                            AR  CUR
  1 RT!IBIS DAUMESNIL PORTE DOREE               D  EUR
                                       =!      77.00-89.00
  2 MC!PARIS MARRIOTT CHAMPS-ELYSEES            D  EUR
                                       =!     431.20-2000.00
------------------------------------------------------------------
 > HA2
**** ACCOR HOTELS ****
FR LON                            SA 24DEC16-26DEC16        OCC:1
 RT!IBIS DAUMESNIL PORTE DOREE      LONDOR  D  TAXI            Y
  1)77.00        I IBIS RATE
```

```
   154.00      EI STANDARD ROOM WITH 1 SINGLE BED
   C1SPIB  EUR    ROOM:WCR AIR HAD
   CHECK HP       H:19:00                COM:NO
 2)77.00         I RACK RATE
   154.00      EI STANDARD ROOM WITH 1 SINGLE BED
   C1SRAC  EUR    ROOM:WCR AIR HAD
   CHECK HP       H:19:00                COM:NO
```

☞ SingleA vailability와 판매 가능한 모든 요금(qualified & unqualified)을 보여주며 Room Rate는 Room-Type code와 Rate Type Code로 구성된다.

〈Category 설명〉

코드	설명
FR LON	나라(France), 도시(London), 주
24DEC13-26DEC13	Check In, Check Out Date
OCC:1	투숙인원
PU!	Hotel Chain Code(PU), Access Level(Dyanmic)
PULMAN VERSAILLES CHATEAU	Hotel명
PARVER	Hotel Identifier
W	Area(W : West of the City) ☺코드테이블 참조
TAXI	호텔까지의 추천 교통편(Taxi : 호텔에서 교통편 제공)
CAT:F	Category Rating Code(F : First Class or Up Scale) ☺코드테이블 참조
185.98	Daily Rate
401.00	Total Stay Amount
EI	E : Breakfast Indicator(E : Breakfast Not Included) I : Taxes, Fees and Surcharge Indicator (I : 포함-Included / E : 미포함)
ROOM WITH 1 DOUBLE BED	Room Description
D1D	[D]Room Type Code ☺ 코드테이블 참조 [1] Number of Bed (1 to 9) [D] BED Type Code
CTM	Rate Code
EUR	통화 Code (EUR: 유로)
ROOM:WCR,AIR,SAF	WCR : WELLCAREHEALTH PLANS AIR : AIR PLUS CARD SAF : SANOF
CXL 1800:00 H18:00	취소 수수료 적용 시작 시간(18:00)
COM:10.00PERCENT	커미션(10.00 PERCENT : 10퍼센트 적용)

3 Hotel Feature

해당 호텔의 주소, 전화번호, 특성, 정책, 서비스 등의 정보 조회가 가능하며, Featur 정보는 Category Letter Code와 Category Code로 되어 있다.

Category	Letter	Code	Category	Letter	Code
LOCATION	L	LOC	ROOM	R	ROO
CATEGORY☺	A	CAT	DINING FACILITIES	N	DIN
EXTRA CHARGES	E	EXT	MEETING FACILITIES	M	MEE
POLICY	P	POL	COMMISSION	C	COM
GUARANTEE	G	GNT	FREQUENT STAY	Q	FRQ
DEPOSIT	D	DEP	TRANSPORTATION	T	TRA
STAY	S	STA	SAFETY FEATURES	Y	SFY
FACILITIES	F	FAC	OTHER	O	OTH

☺ CAT : Category 및 호텔등급을 의미, L (LUXURY)/ F (FIRST CLASS)/ S (STANDARD)/ T (TOURIST)

1) 호텔 Feature 조회하기

(1) Multi Availability 조회 : HABKK24DEC-3

Entry 화면 1

```
> HABKK24DEC

TH BKK          ALL AREAS           SA  24DEC16-25DEC16    OCC:1
                                          AR  CUR
  1 RT!VIE HOTEL BANGKOK MGALLERY               D  THB
                                      =!   3240.00-23200.00
  2 UI!ON8 SUKHUMVIT BANGKOK                    W  THB
                                      =    2299.00-2299.00
  3 RT!GRAND MERCURE FORTUNE BANGKOK            D  THB
                                      =!   2385.00-6536.00
```

(2) Hotel Feature 조회 : HF1 [1: Multi AVBL 라인 번호]

예) BANYAN TREE BANGKOK

```
> HF1

TH BKK     RT!BKKORC    GOLD ORCHID BANGKOK
```

```
LOCATION ------------------------------------------------ L - LOC
   375 VIBHAVADI RANGSIT ROAD
   PHAYATHAI
   BANGKOK  10400
   THAILAND
   -TEL: 66/2/6163000
   -FAX: 66/2/6161757
   -EML: GM@GOLDORCHIDBANGKOK.COM                      MORE

CATEGORY ------------------------------------------------ A - CAT
   -(T)-TOURIST CLASS HOTEL
   -3 STAR LOCAL STAR RATING
   -SUPERIOR TOURIST CLASS OHG                         MORE

EXTRA CHARGES ------------------------------------------- E - EXT
   -TAX:  FOOD & BEVERAGE TAX 17.70 %
          PER ROOM PER NIGHT
   FAX CHARGE:
    -INCOMING FAX COMPLIMENTARY : COMPLIMENTARY
    -OUTGOING FAX COMPLIMENTARY : COMPLIMENTARY
POLICY -------------------------------------------------- P - POL
   CHECK-IN TIME: 13:00
   THE ROOM IS AVAILABLE FROM 13:00.
   CHECK-OUT TIME: 12:00
   THE ROOM MUST BE VACATED BY 12:00 AT THE LATEST.
   CHILDREN STAY FREE UP TO 11                         MORE

FACILITIES ---------------------------------------------- F - FAC
   PROPERTY FACILITIES AND SERVICES:                   MORE
```

참고) 호텔 Code 테이블

※ Code는 변동 가능하므로, 반드시 시스템에서 확인하고 사용한다.

Decode	**DNH** HOLIDAY INN	호텔 Sub Chain 이름 암호화 하기
	DNH CARLSON HOSPITALITY	호텔 Master Chain 이름 암호화 하기
Encode	**DNH** HI	호텔 Sub Chain 이름 코드 풀기
	DNH HE	호텔 Master Chain 이름 코드 풀기

☞ 호텔 Category Rating Code

구분	설명
L	Luxury
F	First Class
S	Standard
T	Tourist

☞ Area Code(HE HOT → GP COD → MS22)

구분	설명
A	Airport
D	City Center
R	Resort
N	North of City
E	East of City
W	West of City

☞ Room Type 및 Bed Type Code

구분1	구분2	코드	설명
Room Type	With Bath	A/B/C/D	Superior/Moderate/Standard/Minimum
	With Shower	E/F/G/H	Superior/Moderate/Standard/Minimum
	No Bath & Shower	I/J/K	Superior/Moderate/Minimum
	No Smoking	N	
	Executive Floor	P-Executive	
	Suite	S/T/U	Moderate/Standard/Minimum
Bed Type	[D] Double / [K] King / [P] Pull Out / [Q] Queen / [S] Single / [T] Twin [W] Water Bed		
ROHPRO	ROH(Run Of the House) : Any Room in the hotel of the Rate를 의미함 Any Room At The PRO Rate를 의미		

☞ Rate Code

구분	설명
CON	Convention
COR	Corporate
GOV	Government
FAM	Family
MIL	Military
PRO	Promotional
PKG	Package

구분	설명
RAC	Standard RAC
WKD	Weekend
STP	Stopover
TUR	Tour
TVL	Travel Industry
SRS	Senior Citizen

☞ 주요 Facility Codes

코드	설명	코드	설명
AIR	Air Conditioning	LOU	Lounge
BAB	Baby-Sitting	MAS	Massage
BAR	Bar	MEE	Meeting Room
BEA	Beach	MIN	Mini Bar
BTY	Beauty Parlor	MOW	Movie Channel
BUS	Business Center	NON	Non Smoking Room
CAR	Car Rental	PAR	Parking
CAS	Casino	PCH	PC Hook-Up In Room
COF	Coffee Shop	PET	Pets Accepted
CON	Convention Center	PHA	Pharmacy
DIS	Disco	PHO	Phone Direct Dial
ELE	Elevator	RES	Restaurant
EXC	Currency Exchange	ROO	Room Service
EXE	Executive Floor	SAF	Safe Deposit Box
FAX	Fax Facility in Room	SAU	Sauna
GIF	Gift Shop	SIG	Sightseeing
GOL	Golf	SNO	Snow Skiing
HAD	Hair Dryer	SOL	Solarium
HAI	Hair Dresser	SPA	Spa
HAN	Handicap	SWI	Swimming Pool
HEA	Health Club	TEN	Tennis
ICE	Ice Machine	TEL	Television
HIS	Internet High Speed	VAL	Valet Parking
JAC	Jacuzzi	WAT	Water Sport
LAU	Laundry Service	WOM	Women' s Guest Room

PART

Ⅲ

렌터카예약

렌터카예약

1 REAT A CAR(Amadeus System) 예약

Amadeus System은 Global Company와 약 36,104 Location의 Data 보유로 다양한 차종과 운임을 제공하여 편리한 예약시스템을 제공한다.

Entry		설명
HE CAR 이후	GP INT	렌터카 시스템 소개
	GP QPS	Key Word 또는 Quick Path
	GP AVA	Car Availability 및 Rate
	GP COD	Car Codes
	GP CCG	Car Groups
	GP LOC	Car Location List
	GP CPO	Car Location Policy
	GP MAT	Car Match/ALT/Upsell
	GP RAT	Car Rate Features
	GP SEL	Car Sell/Reservation
	GP SE2	Sell Options
	GP TER	Car Terms/Rules
	GP VOU	Car Vouchers
	GP CHA	Change/Cancel Bookings
	GP EAS	Easy Shopper/Leisure
	He SCROLL	Scrolling in Cars
HE STEP → GP CA1		렌터카예약 절차

1) ENCODE & DECODE

Decode	**DNC** AVIS	렌터카 업체명 코드화하기
Encode	**DNH** HI	렌터카 업체 코드명 풀기

2) 렌터카 정보 조회

각 렌터카 체인의 정책, 정보, 관련 토픽 등의 조회가 가능하다.

Entry	설명
HECAR1A	Amadeus 렌터카 업체 코드 전체 목록 조회
HECARxx	렌터카 업체별 기능별 설정값 조회 / 'xx'는 렌터카 업체 2 Letter Code를 의미함
GGCAR	렌터카 운영 정보 조회 페이지
GGCARxx	렌터카 업체별 운영 정보 조회 페이지 / 'xx'는 렌터카 업체 2 Letter Code를 의미함

```
> HE CAR1A
                    HECAR1A LIST        EN  21MAY15 0949Z

 HE CAR XX (CAR COMPANY CUSTOMISED PAGES)

 CAR COMPANY                    QUICKPATH   ACCESS TYPE
 ===========                    =========   ===========
 AC -ACE RENT A CAR            > HE CAR AC   CA+
 AD -ADVANTAGE                 > HE CAR AD   CA+

> HE CAR AC
                   ACE RENT A CAR       EN   8OCT07 1422Z


 INFORMATION                                  REFERENCE
 -----------                                  ---------
 GENERAL INFORMATION                              MS 22

 OPTIONS:
 -SUPPORTED SELL OPTIONS                          MS 43  <중략>

> GGCAR
                  ** AMADEUS CARS **    EN  21MAY15 1003Z

  **** 41 COMPANIES ARE CURRENTLY AVAILABLE IN AMADEUS ****

     ACCESS TYPES            COMPANIES     LOCATIONS
     ===============         =========     =========
     COMPLETE ACCESS PLUS       41           36 116
     EXTERNAL CRC: 34
     A.C.S.I.    :  7
```

```
> GGCARAC

                    AC INDEX              EN  20MAR96 1647Z

WELCOME TO THE ** ACE RENT A CAR ** INDEX IN THE AMADEUS
SYSTEM - FOR MORE INFORMATION ENTER AS BELOW :

TOPIC                          ENTER
-----                          -----
ACE DATABASE NEWS              GGCAR AC NEWS
COMPANY INFORMATION            GGCAR AC CI
POLICY INFORMATION             GGCAR AC POLICY  <중략>
```

2 렌터카예약

1) Availability 조회

렌터카도 항공과 마찬가지로 Availability를 통해 예약 가능한 차량과 요금 조회가 가능하다. 요금은 조회한 지역의 통화로 환산되며, 렌터카예약을 위해서는 아래 내용이 필수적으로 필요하다.

- Pick-Up Date : 픽업날짜
- Pick-Up Location : 픽업장소
- **Pick-Up Time(필수입력) : 픽업시간**
- Drop-off Date : 반납날짜
- **Drop-off Time(필수입력) : 반납시간**
- Vehicle Type(크기/탑승인원/거리 등) : 요청차량 정보

(1) Multi-Company Availability

Multi Company Availability 조회 시 요청된 공항을 기준으로, 여러 렌터카 업체의 예약 가능한 차량 목록을 보여 준다.

- Multi Company 조회: 여러 렌터카 업체가 함께 조회되는 화면
- Single Company 조회: 특정 렌터카 업체 1개만 조회된 화면

> CAJFK1DEC-4/ARR-1800-0800

CA : 렌터카 Availability 조회 기본지시어

JFK: 3자리 공항 코드(예: JFK)

1DEC-4 : Pick-Up Date(예: 1DEC), 하이픈, 렌탈 기간(예: 4일)

/ARR- : 슬래시, ARR(Arrival)로 반납시간 입력 기본지시어, 하이픈

1800 : Pick-Up Time

- 0800 : 반납시간(Drop Off Time)

```
> CAJFK1DEC-4/ARR-1800-0800

CAJFK1DEC-4/ARR-1800-0800
**AMADEUS CARS RATE AVAILABILITY**  CHECK POLICIES: USE CT OR CR

JFK NEW YORK/NY/US:JOHN F KENNEDY
ARRIVAL:TH01DEC16/18:00  RETURN:MO05DEC16/08:00     INCLUSIVE
        A TYPE WEEKEND-KRW ESTIMATED-KRW KM/M  CHRG S
 1T ZD+BUDGET       ECAR    +68611@*   274443@*   UNL   .00 .
 2T AD+ADVANTAGE    ECAR    +48751@*   277955@*   UNL   .00 .
 3T ZI+AVIS         ECAR    +75125@*   300499@*   UNL   .00 .
 4T ET+ENTERPRISE   ECAR    +55886@*   300606@*   UNL   .00 .
 5T ZE+HERTZ        ECAR    +84185@*   336742@*   UNL   .00 .
 6T ZA+PAYLESS      ECAR   +86790@*    479810@*   UNL   .00 .
 7T AL+ALAMO        ECAR    +171225@*  953080@*   UNL   .00 .
 8T ZL+NATIONAL     ECAR    +185493@*  1010916@*  UNL   .00 .
 9T SV+USAVE        FVAR    +273472@*  1404340@*  400M 416 .
@-RATE CONVERTED *-EXTRA HOUR/DAY MAY APPLY +-C/A PLUS RATE
=-EXACT MATCH   &-UPSELL   >-ALTERNATE
OTHER APPLICABLE RATES MAY EXIST - CHECK DAILY PLANS
NO MORE ITEMS
```

〈Category 설명〉

코드	설명
AMADEUS CARS RATE AVAILABILITY CHECK POLICIES: USE CT OR CR	Tax, Policy, Surcharge, Vehicle type 관련 도움말 조회 • Complete Access(/), Standard Access는 CT로 • Complete Access Plus(+)는 CR로 조회함 표시 예) CR1 (1: 라인번호)
JFK NEW YORK/NY/US:JOHN F KENNEDY	APO Code, City Name, Country Code, Airport Name
ARRIVAL:SU01DEC13/18:00 RETURN:TH05DEC13/08:00	• Arrival(Pick-Up), Return(Drop-Off) 정보 - ARRIVAL:SU01DEC13/18:00 (월/01DEC13/18:00) - RETURN:TH05DEC13/08:00 (목/05DEC13/08:00)
1T	1: 라인번호 / T: APO Terminal 위치, O: Off Terminal 위치
ZE+HERTZ	ZE+: 업체 코드 및 Access Level HERTZ: 업체명
A	Availability Type - BLANK: Cars are Available - R: On Request Only - 예약 불가한 경우, Availability에 표시되지 않음
TYPE 예) ECAR	Car Type Column ☺ 부록 참조
DAILY-KRW 예) +68296.94@*	• Rate Plan으로 Daily, Weekly, Monthly, Weekend Plan이 있음 ☺ 부록 참조 예) + : Access Level 68296.94 : Daily Plan Rate, KRW68296.04임 @ : 표시된 금액은 Availability를 조회하는 곳의 통화로 환산되었음을 의미 * : Extra Charge(by Hour 또는 Day) 포함될 수 있음
ESTIMATED-KRW 예) 273187.77@*	• Estimated Total Rate 총 금액으로 하기 금액이 포함될 수 있음 - The Base Rental Rate - Mandatory Charges(예: Airport Fees) - Mandatory Insurance Coverage - The Oneway Fee - Taxes • 요금 포함 관련 세부 정보는 CR1(1: 라인번호)를 통해 확인 가능 예) 273817.77 : 총 금액, KRW273187.77 @ : 표시된 금액은 Availability를 조회하는 곳의 통화로 환산되었음을 의미 * : Extra Charge(by Hour 또는 Day) 포함될 수 있음

코드	설명
KM/M 예) UNL	최대 주행거리 예) UNL : Unlimitted
CHRG 예)0.00	Mileage Surcharge 최대 주행거리 초과시, 각 KM/M당 할증액 예) 0.00 : 없음
STC 예)STC	Additional Charge Column S: Surcharge / T: Taxes / C: Coverage 예) STC : Surcharge/Taxes/Coverage 포함 금액임
V 예) V	Vehicle Information이 있음을 의미 ☺CPOZI JFK/VEH를 이용해 확인 가능 CPO: 기본지시어 ZI: 업체코드 JFK: 공항코드 /VEH: Vechicle 조회 지시 키워드

〈응용 Entry〉

Entry	설명
CAFRA11DEC-13DEC/ARR-1000-1800	Pick Up, Drop Off Date를 일자 형식으로 입력 (11DEC-13DEC)
CAFRA11DEC-13DEC/ARR-10A-6P	Pick Up, Drop Off Time을 12시간 단위로 입력 (10A: 10AM , 6P :6PM)

(2) Single-Company Availability와 요금 조회

하나의 (Single) 특정 업체가 가지고 있는 예약이 가능한 차량 목록을 보여준다.

> CAZIFRA10DEC-2/ARR-0900-0900

CA : 렌터카 Availability 조회 기본지시어

ZI : 2자리 렌터카 업체 코드(예: ZI- AVIS)

FRA : Location 코드(예: FRA)

10DEC-2 : Pick-Up Date(예: 10DEC), 하이픈, 렌트 기간(예: 2일)

/ARR- : 슬래시, ARR(Arrival)로 반납시간 입력 기본지시어, 하이픈

0900 : Pick-Up Time

-0900 : 반납시간(Drop Off Time)

☞ Pick-Up Time, Drop Off Time 필수

일자 생략 시 Pick Up일자는 오늘로, 렌트 기간 생략 시 One Day 대여로 간주함

Entry 화면 1

```
> CAZIFRA10DEC-2/ARR-0900-0900

CAZIFRA10DEC-2/ARR-0900-0900
*** AVIS        COMPLETE ACCESS PLUS RATE AVAILABILITY ***
ZI+FRANKFURT      /DE     FRAT01     OPENING HOURS:06:00 -23:59
FLUGHAFEN FRANKFURT
ARRIVAL:SA10DEC16/09:00   RETURN:MO12DEC16/09:00      INCLUSIVE
AVIS THANKS YOU FOR YOUR BUSINESS
         AND FOR USING AMADEUS COMPLETE ACCESS PLUS
SHUTTLE INFO NOT AVAILABLE                    CHECK POLICIES: USE CR
   TYPE  A   DAILY-KRW  ESTIMATED-KRW KM/M   CHRG         RCODE  PGDY
 1 ECMR         39391@*      96122@*  UNL      .00         KWI   PG
                                 W-END FLEX INT
 2 CDMR         43222@*     105452@*  UNL      .00         KWI   PG
                                 W-END FLEX INT
 3 CXMR         49709@*     121297@*  UNL      .00         KWI   PG
                                 W-END FLEX INT
 4 IDMR         49790@*     121484@*  UNL      .00         KWI   PG
                                 W-END FLEX INT
@-RATE CONVERTED *-EXTRA HOUR/DAY MAY APPLY
```

(3) 비행편을 이용한 Car Availability 조회

PNR 내 비행편 정보를 이용하여 렌터카 업체 조회 및 요금 조회가 가능하다.

① Multi Company Availability

>PNR 조회 후 → CAS2 [CA: 기본지시어, S2: 여정번호 2]

```
> RT92557099
```

```
--- RLR ---
RP/SELK1394Z/SELK1394Z          AA/GS  13JAN16/1138Z   26ML2V
9255-7099
  1.HAN/SEOKBONGMR
  2  KE 901 Y 23DEC 5 ICNCDG HK1  1400 1820  23DEC  E  KE/26ML2V
  3  KE 902 Y 30DEC 5 CDGICN HK1  2100 1555  31DEC  E  KE/26ML2V
  4 AP -02-111-1111 PARIS TRAVEL
  5 TK OK13JAN/SELK1394Z
```

```
> CAS2
```

```
CAS2
**AMADEUS CARS RATE AVAILABILITY**  CHECK POLICIES: USE CT OR CR
CDG PARIS/FR:CHARLES DE GAULLE
ARRIVAL:FR23DEC16/18:20   RETURN:FR30DEC16/20:00      INCLUSIVE
                    A TYPE  WEEKLY-KRW ESTIMATED-KRW KM/M  CHRG S
 1T ZD+BUDGET        MBMR    +34199@*    290434@*   UNL    .00 .
 2T ZI+AVIS          MBMR    +39044@*    352398@*   UNL    .00 .
 3T ZE+HERTZ         MCMR   +313674@*    392576@*   UNL    .00 .
 4T SX+SIXT          ECMR   +265807@*    417698@*  2000K   320 .
 5T EP+EUROPCAR      EDMR   +443834@     507239@    UNL    .C0 .
@-RATE CONVERTED *-EXTRA HOUR/DAY MAY APPLY +-C/A PLUS RATE
=-EXACT MATCH    &-UPSELL    >-ALTERNATE
OTHER APPLICABLE RATES MAY EXIST - CHECK DAILY PLANS
NO MORE ITEMS
```

비행편 정보를 이용하여 조회 시 다음 조건으로 자동설정되며, 필요 시 변경하여야 함.

- Pick Up Date는 해당 비행편의 도착일
- Pick Up Time은 해당 비행편의 도착시간
- Drop Off 일자는 다음 비행편의 출발일자
- Drop Off 시간은 다음 비행편의 출발한 시간 이전

② Single Company Availability

> PNR 조회 후 → CAZES2 [CA: 기본지시어, ZE: 업체코드 S2: 여정번호2]

```
> CAZES2

CAZES2
*** HERTZ       COMPLETE ACCESS PLUS RATE AVAILABILITY ***
ZE+PARIS DE GAULLE/FR 9571FRCDG50    OPENING HOURS:04:00 -24:00
AEROPORT DE ROISSY
ARRIVAL:FR23DEC16/18:20   RETURN:FR30DEC16/20:00
NON RESIDENT RENTERS REQ. INTERNATIONAL DRIVERS LICENSE
SHUTTLE INFO NOT AVAILABLE                CHECK POLICIES: USE CR
   TYPE  A  WEEKLY-KRW  ESTIMATED-KRW KM/M  CHRG       RCODE  PGDY
 1 MCMR        313674@*     392576@*  UNL      .00       EOW3T5   G
                                WEEKLY INCL T5   <중략>
```

(4) Car Availability 추가 옵션

Availability Entry의 맨 뒤에 추가하여 사용 가능하다.

코드	설명
/ARR	Arrival : Pick Up & Drop Off Time /ARR-1000 /ARR-1000-1800
/BS-	Booking Source • Office 프로파일에 정의되어 있음 • Complete Access Plus의 경우, Booking Source를 입력하면, 적용 가능한 Negotiated Rate를 표시해 줌 /BS-98765436
/CO-	Company Multi Company → Single Company로 변경시(5개까지 가능) : /CO-EP-ZI Single Company → Multi Company로 변경시 : CA/CO-YY
/CD-	Corporate Identification Number • Complete Access Plus 레벨의 경우만 가능하며, Booking Source를 입력하면, 적용 가능한 Negotiated Rate를 표시해 줌 • Single Company Availability에서만 가능함 /CD-03456HK90

코드	설명
/DD-	Drop Off Date /DD-19NOV
/DO-	Drop Off Location /DO-FRA : IATA Airport Code /DO-NCE01 : Amadeus Location Code /DO-FRPAR607* : Car Provider Specific Location Code /DO-AB : Line Number from a Car Location List Display
/DT-	Pick-Up Date /DT-14SEP
/FC-	Foreign Currency /FC-GB (국가코드) /FC-GBP(통화코드)
/ID-	Customer Identification • Complete Access Plus 레벨만 가능 • Booking Source를 입력하면, 적용 가능한 Negotiated Rate를 표시해 줌 • Single Company Availability에서만 가능함 /ID-5698GH12
/LO-	Location /LO-CDG : IATA APO Code /LO-AB : Line Number from a Car Location List Display /LO-PARC01 : Amadeus Location Code
/MI-	Mileage Qualifier :요금 산정 기준 /MI-U (Unlimited) /MI-M (Mileage)
/RC-	Rate Code /RC-CW- (C: Rate Category 코드 / W -Rate Plan 코드) /RC-L- (L : Rate Category 코드 / Rate Category 코드 없이 Rate Plan만 요청불가)
/RT-	Return Time /RT-1000
/VT-	Vehicle Type /VT-ECMN

3 CAR POLICY

렌탈 Location과 관련된 Tax, Policy, Surcharge, Vehicle type 관련 일반 정보를 조회하는 기능이다. 특히, Car Availability를 조회하지 않고 바로 정보 조회가 가능하다.

구분	Keyword	Letter
Tax Information	/TAX	/T
Surcharge Information	/SUR	/S
Coverage Information	/COV	/C
Vehicle Type Information	/VEH	/V

1) Car Policy 조회하기

> CPOALCDG [CPO: 기본지시어, AL: 업체코드(예: 알라모), CDG: 공항코드(예: PAR 드골 공항)

```
> CPOALCDG

CPOALCDG
** AMADEUS CAR POLICY **
AL+ALAMO RENT A CAR        CDG    - PARIS CDG
LOCATION INFORMATION ------------------------------------ L - LOC
    * NO LOCATION INFORMATION AVAILABLE
    * FOR CITY AND AIRPORT
TAX INFORMATION ------------------------------------------ T - TAX
    20.00 % - VAT
SURCHARGES ----------------------------------------------- S - SUR
  - ADDITIONAL DRIVER SURCHARGE
       37.11 EUR PER RENTAL
    RENTAL CONDITIONS APPLY TO ALL ADDITIONAL DRIVERS.
MORE
```

〈응용 Entry〉

Entry	설명
CPOALCDG/VEH/TAX	VEH/TAX : Vehicle Type,Tax 정보만 보기 (3자리 Keyword 이용)
CPOALCDG/V/T	V/T : Vehicle Type,Tax 정보만 보기 (1자리 Letter Code 이용)

2) CAR LOCATION LIST 조회하기

특정 도시(IATA 공항 또는 도시 코드 사용가능)의 렌터카 Location 정보 조회가 가능하며, 하기 조건으로 Car Location 목록 조회가 가능하다.

(1) Car Location List 조회하기

● **Entry : CLTYO [CL: 기존 지시어, TYO: 도시 또는 공항 코드]**

```
> CLTYO
CLTYO
**AMADEUS CARS LOCATION LIST**
      COMPANY   VICINITY  CITY: TYO              CNTRY: JP    DCOS
AA EP+EUROPCAR   TYO001 TOKYO HANEDA APT -SERVED BY TIMES- 144-0047 TOKYO...N
AB EP+EUROPCAR   TYOT02 TOKYO NARITA APT -SERVED BY TIMES- TOKYO NARITA...N
AC EP+EUROPCAR   TYOC07 2-7-1 YURAKU-CHO -SERVED BY TIMES- YURAKUCHO ....
AD EP+EUROPCAR   TYOC09 3-13-3 SHINAGAWA GOOS -SERVED BY TIMES- MINATO-KU....
AE EP+EUROPCAR   TYOC10 IKEBUKURO -SERVED BY TIMES- 170-0013 TOSHIMA-KU..Y.
AF EP+EUROPCAR   TYOE05 2-1 TODAIJIMA -SERVED BY TIMES- 279-0001 URAYASU..Y.
<중략>.
AP ZD+BUDGET    TYOC02 1-20-11 SHIBUYA KU 150-0043 TOKYO      ....
AQ ZE+HERTZ     TYOT50 NARITA INTERNATINAL AIRPORT, TOKYO      ....
SEE ALSO: TKN TKS
MORE
```

〈Category 설명〉

코드	설명
AA	라인번호
EP+EUROCAR	렌터카 업체 코드, Access 레벨, 렌터카 업체명
TYOT01	도시코드, Non Airport Location의 Vicinity(예: T) 코드 및 2자리 숫자코드 ☺Vicinity 코드는 부록 참조
HANEDA APT T1 -SERVED BY MAZDA- TOKYO	업체 주소
SEE ALSO:TKN TKS	근방 도시 인, 도시코드 TKN, TKS를 이용하여 추가 검색 가능함을 안내 CLTKN 또는 CLTKS

4 기타

Code는 변동 가능하므로, 반드시 시스템에서 확인하고 사용하여야 한다.

1) Vehicle Type 코드

- 4자리 ALPHA Character로 구성됨
- Category + Type + Transmission, Driver Type + Fuel, Air conditioning
- 주요 차량 Description 조합 예 :
  - ECMN : Economy, 2/4 Door, 수동, No 에어컨디션
  - CDMR: Compact, 4-5Door, 수동, WZ 에어컨디션
  - PDAR : Premium, 4-5Door, 오토, WZ 에어컨디션

(1) 렌터카 Category 코드

코드	설명	Leisure Single ABVLTY	Leisure Multi ABVLTY
M	MINI	MINI	MIN
N	MIMI ELITE	MINI-E	MIN-E
E	ECONOMY	ECONOMY	ECO
H	ECONOMY ELITE	ECONOMY-E	ECO-E
C	COMPACT	COMPACT	COM
D	COMPACT ELITE	COMPACT-E	COM-E
I	INTERMEDIATE	INTERMEDIATE	INT
J	INTERMEDIATE ELITE	INTERMED-E	INT
S	STANDARD	STANDARD	STD
R	STANDARD ELITE	STANDARD-E	STD-E
F	FULL SIZE	FULL	FUL
G	FULL SIZE ELITE	FULL-E	FUL-E
P	PREMIUM	PREMIUM	PRE
U	PREMIUM ELITE	PREMIUM-E	PRE-E
L	LUXURY	LUXURY	LUX
W	LUXURY ELITE	LUXURY-E	LUX-E
O	OVERSIZE	OVERSIZE	OVER
X	SPECIAL	SPECIAL	SPEC

(2) 렌터카 Type 코드

코드	설명	코드	설명
B	2-3 DOOR CAR	N	ROADSTER
C	2/4 DOOR CAR	P	PICK UP REGULAR CAB
D	4-5 DOOR CAR	Q	PICK UP EXTENED CAB
E	COUPE	R	RECREATIONAL VEHICLE
F	SUV	S	SPORT
G	CROSS OVER	T	CONVERTIBLE
H	MOTOR HOME	V	PASSENGER VAN
J	OPEN AIR ALL TERRAIN	W	WAGON/ESTATE
K	COMMERCIAL VAN/TRUCK	X	SPECIAL
L	LIMOUSINE	Y	2WHEEL VEHICLE
M	MONO SPACE	Z	SPECIAL OFFER CAR

2) Rate Plan

코드	Plan	설명
D	Daily	24시간을 경과하지 않는 One or More Days 렌탈 Rate for one to four days' rental, but where the client does not have to rent the vehicle for more than 24 hours. Note: One rental day can be up to 23 hours and 59 minutes. Weekend rates may be offered.
E	Weekend	4일간 대여 요금 Pick- Up : 목요일~일요일 12시 이후 Drop-Off : 월요일 2359까지 금, 토, 일요일 밤이 포함되어야 함. Rate based on a rental from Thursday through Monday. The following rules apply: - Pick-up is on or after 12:00 Thursday - Sunday - Drop-off is by 23:59 Monday - Friday, Saturday, or Sunday night is included
W	Weekly	최소 5일 이상~최대 7일 이내 렌탈 조건, Flat Rate 적용 Flat rate for rental of at least five days, maximum seven days
M	Monthly	최소 28일 이상~최대 31일 이내 렌탈 요금 Daily or flat rate for a rental of at least 28 days, but where the client is not required to rent the vehicle for more than 31 days.

3) Special Equipment

코드	설명	코드	설명
ABG	AIRBAGS	LUG	LUGGAGE RACK
AIR	AIR CONDITIONING	NSK	NON SMOKER CAR
ATD	ANTI THEFT DEVICE	NVP	NAVICATIONAL SYSTEM PLUS PHONE
BST	BOOSTER SEAT	NVS	NAVIGATION SYSTEM
BBS	BABY STROLLER	PAB	PASSENGER SIDE AIRBAG
CAL	CAR ALARM	PAX	NUMBER OF PASSENGER
CAM	CAMCORDER	PDL	POWE DOOR LOCKS
CBR	CITIZEN BAND RADIO	PHN	MOBILE PHNOE
CBS	CHILD BOOSTER SEAT	PWS	POWER WONDOWS
CCL	CRUISE CONTROL	RAD	RADIO
CCT	CRUISE CONTROL	RSB	REAR SEAT BELTS
CDD	COMPUTERIZED DRIVING DIRECT	SBE	SEAT BELT EXTENSIONS
CLS	CENTRAL LOCKING SYSTEM	SBR	SNOWBOARDS
CSB	CHILD SEAT FOR BABY	SIX	SIX PASSENGER CAR
CSI	CHILD SEAT FOR INNFANT	SKI	SKI RENTAL
CST	CHILD SEAT FOR TOLDDER	SKR	SKI RACK
DAB	DIVER SIDE AIRBAG	SKV	SKI EQUIPPED VEHICLE
DSL	DISEL	SNO	SNOW CHAIN
DVD	DIGITAL VIDEO PLAYER	SRC	SATELLITE RADIO
FMR	FM RADIO	STR	WINTER TYRES
FRT	FRONT WHEEL DRIVE	SUR	SUN ROOF
HCH	HATCHBACK	TAP	CASSETTE TAPE
HCL	HAND CONTROL ON LEFT	TEL	CAR TELEPHONE
HCR	HAND CONTROL ON RIGHT	TRH	TRAILER HITCH
ICS	INTERGRATED CHILD SAFTY SEAT	TSW	TILE STEERING WHEEL
LDP	LASERDISC PLAYER	TVI	TELIVISION
LFA	LEFT FOOT ACCELERATOR	VCR	VIDER CASETTE PLAYER
LFR	LEAD FREE FUEL		

부록

부록 GUI MODE

1 초기화면

화면 상단에 새 예약 파일을 클릭하면 예약을 할 수 있는 초기화면이 생성되며 PNR의 기본 요소를 입력할 수 있는 항목이 나타난다.

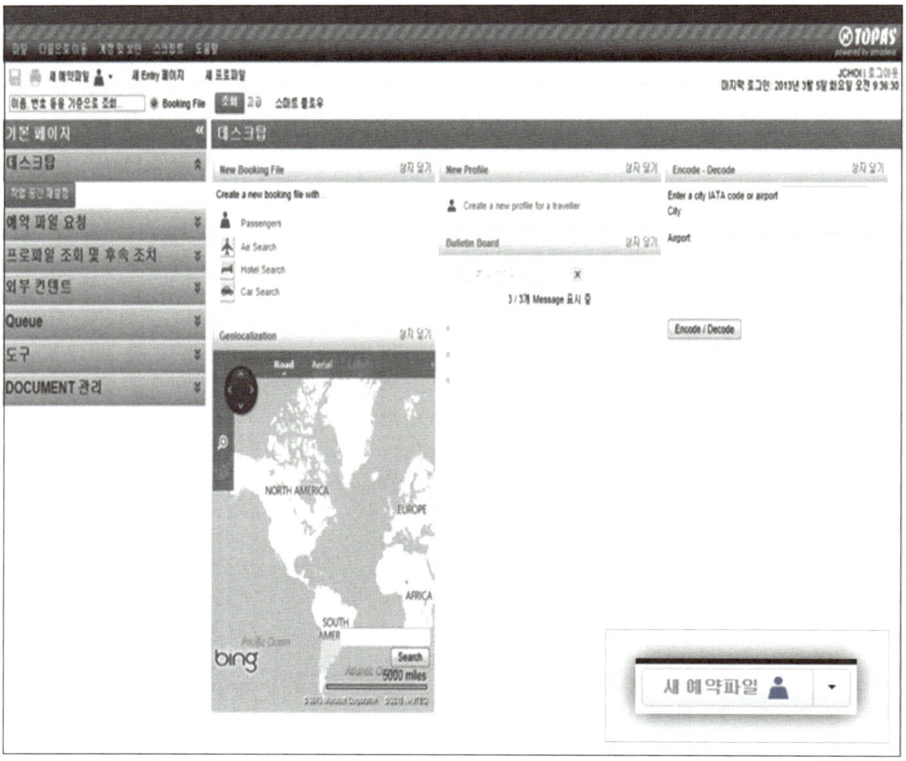

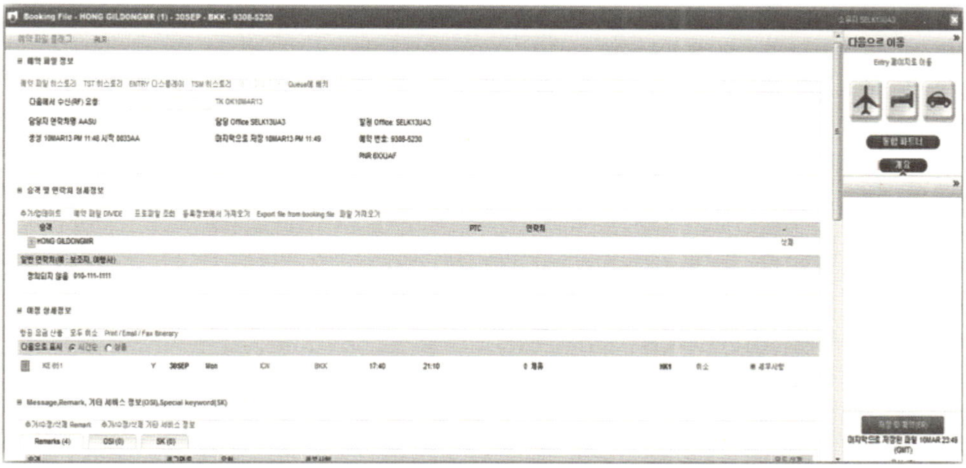

2 KEY BOARD 사용법

① Enter

- 지시어(Entry)를 Main Computer로 보내어 작업을 수행시키는 역할을 한다.
- GUI 및 Entry 화면 1 Mode에서 모두 Enter 키를 이용한다.

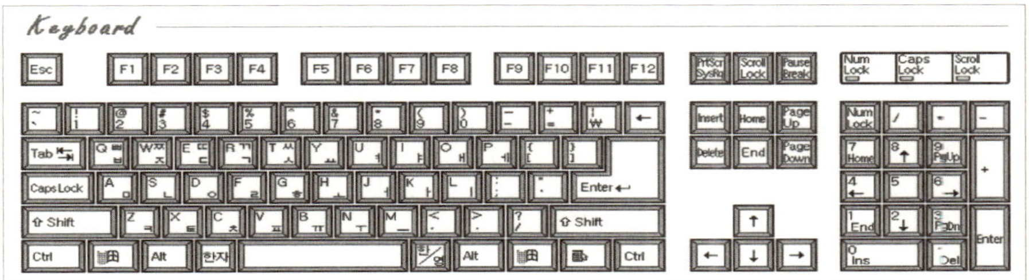

② Entry History(Entry 화면 1만 적용)

해당 키를 누르면 아래 History 창이 조회된다.

이전에 입력한 Entry 재조회 후 선택하여 다시 입력할 수 있는 기능으로, 사용하고자 하는 항목을 클릭 후 Sand 키를 누르면 Entry 화면에 클릭한 지시어가 적용되어 응답이 화면에 조회된다.

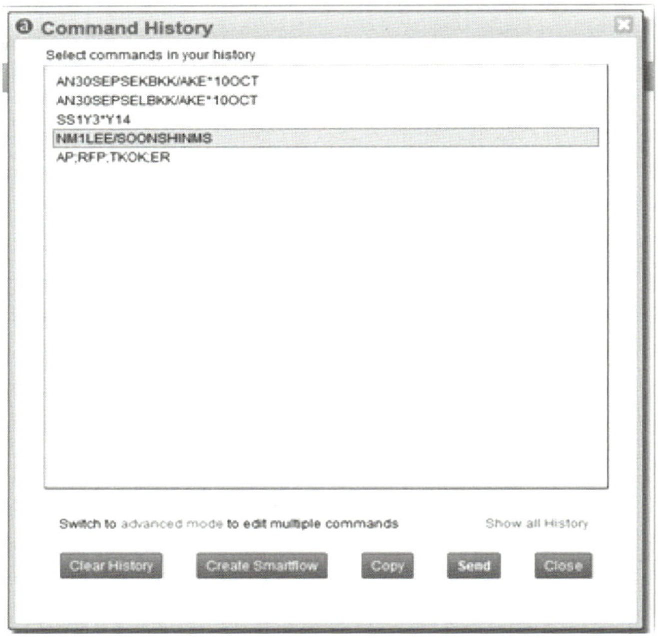

③ SCROLLING

3 SIGN IN/OUT

GUI 화면은 Sign IN/OUT 방식이 아닌 사용자 이름과 비밀번호를 함께 입력하는 로그인 방식으로 구성되었다.

1) SIGN IN(ID와 PASSWORD)

① 비밀번호는 7~15글자로, 대소문자 혼용이 가능하다.
② 비밀번호 변경은 비밀번호 분실을 클릭하면 등록한 e-mail로 보내지며,
③ 48시간 이내 해당 Link를 통해 sell connect로 접속해야 유효하다.
④ 메일 link를 통해 접속 후, 새로 설정한 비밀번호를 입력한다.
⑤ 여행사 입장에서는, manager mail address가 등록되어 있으면 실 사용자가 사용하는데 문제가 있을 가능성이 있으므로 개인 mail address 등록하도록 한다.
⑥ 여행사에서 ID를 잊어버린 경우 또는 Mail address를 잊어버린 경우 Helpdesk에 Contact하여 처리한다.

■ 다른 곳에서 로그인 할 경우

- Sell Connect는 동시 접속이 가능하며 늘 사용하는 메인 컴퓨터가 아닌 곳에서는 임시 Access Cord를 발급받아 로그인하여 사용할 수 있다.
- Sell Connect 상단의 '개정 및 보안'에서 비밀번호 변경/이메일 변경이 가능하다.

2) SIGN OUT

• Sign out은 우측 상단의 'Sign out'을 클릭하거나 작업 창의 'X' 마크를 클릭한다.

4 코드 조회

Decode/Encode(GUI)

☞ P로 시작하는 도시 및 공항 이름이 LIST로 나타난다. 원하는 지역을 선택한다.

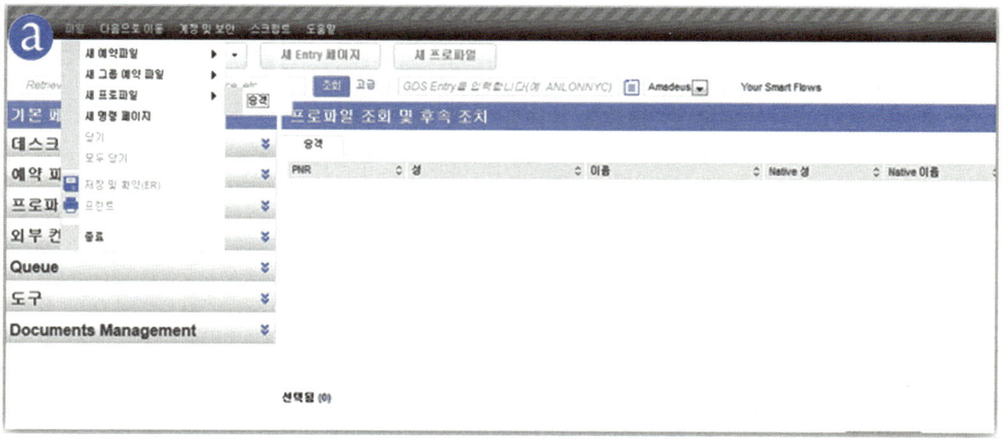

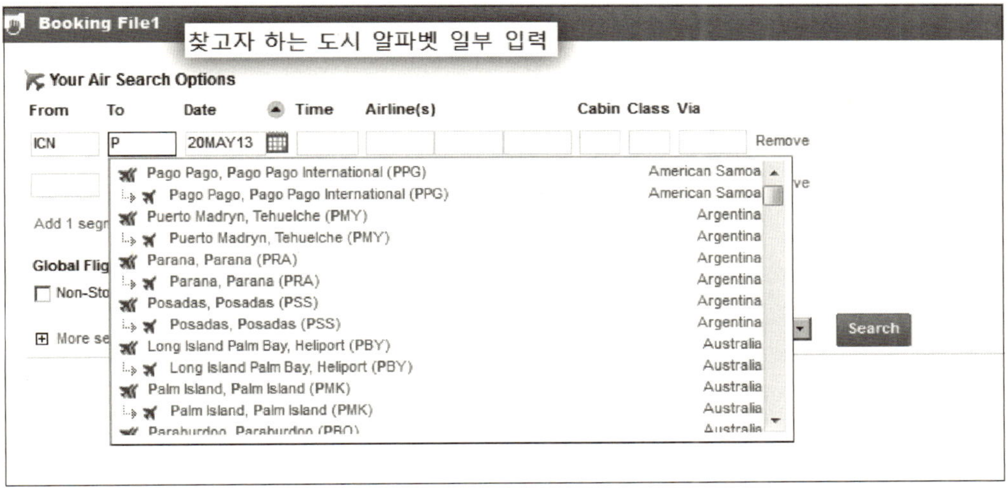

☞ A로 시작하는 항공사명이 LIST로 나타난다. 원하는 항공사를 선택한다.

☞ GUI 화면에서는 Decode/Encode를 확인하는 별도 화면은 존재하지 않으며 빈 column에 알파벳 일부를 입력하면 해당 column에 해당하는 내용의 LIST가 DISPLAY된다.

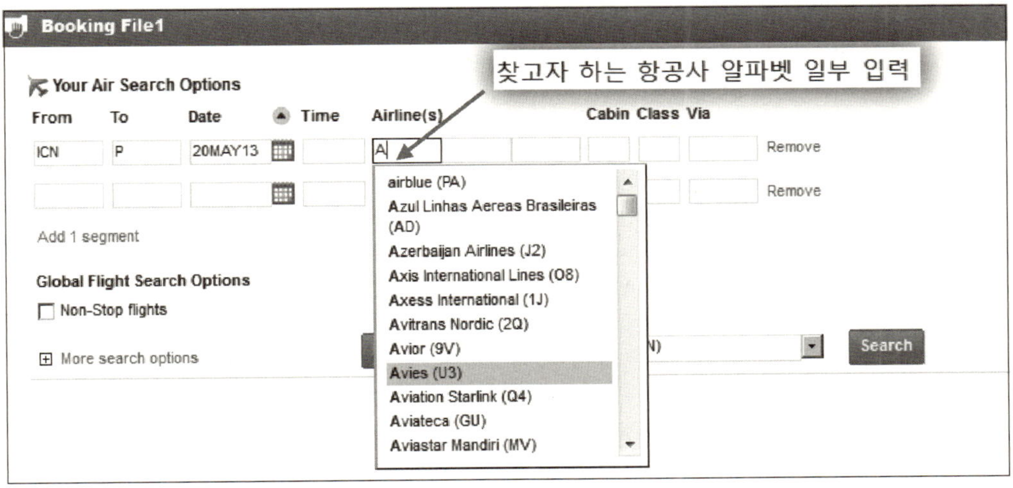

1) 항공편 조회

Booking File에서 비행기 메뉴를 클릭하면 항공 검색 옵션으로 이동하여 예약가능편 및 스케줄 등 다양한 내용을 검색할 수 있다.

■ 가능편(Availability) 조회

① SELPAR 구간 8월 17일 예약가능편 조회

② Availability(AN) 선택

③ 입력한 조건에 알맞은 결과 DISPLAY

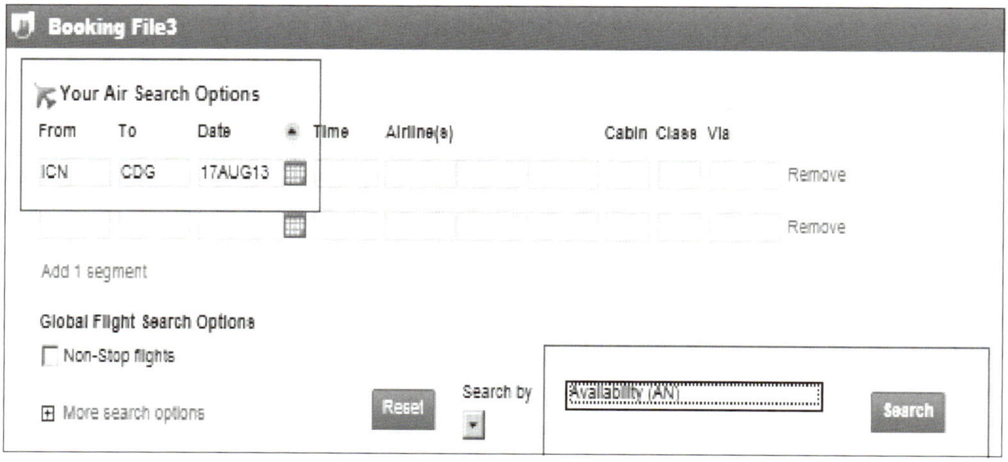

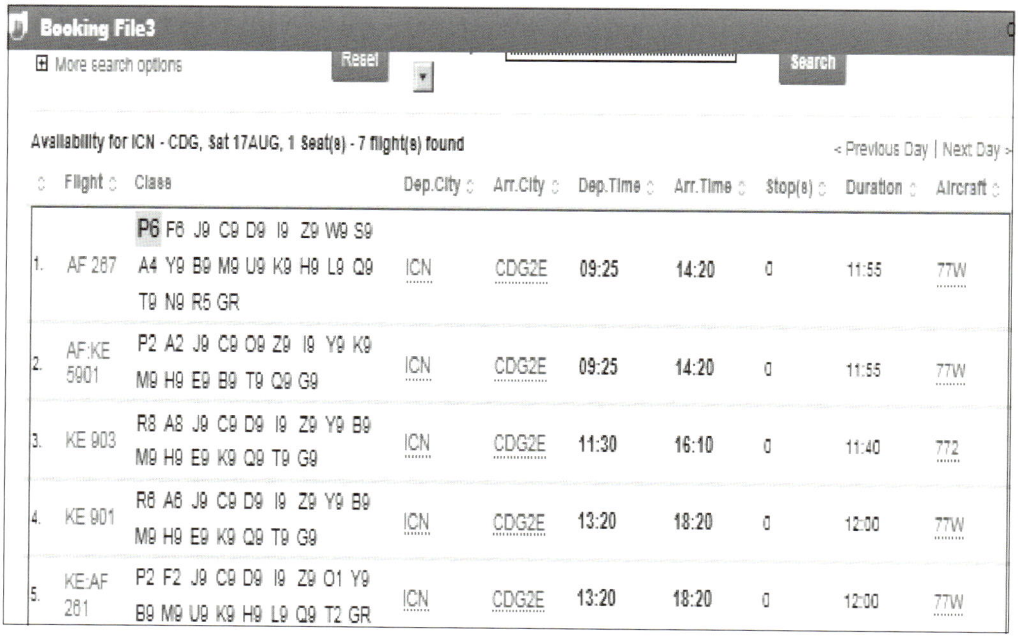

	Flight	Class	Dep.City	Arr.City	Dep.Time	Arr.Time	Stop(s)	Duration	Aircraft
1.	AF 267	P6 F6 J9 C9 D9 I9 Z9 W9 S9 A4 Y9 B9 M9 U9 K9 H9 L9 Q9 T9 N9 R5 GR	ICN	CDG2E	09:25	14:20	0	11:55	77W
2.	AF:KE 5901	P2 A2 J9 C9 O9 Z9 I9 Y9 K9 M9 H9 E9 B9 T9 Q9 G9	ICN	CDG2E	09:25	14:20	0	11:55	77W
3.	KE 903	R8 A8 J9 C9 D9 I9 Z9 Y9 B9 M9 H9 E9 K9 Q9 T9 G9	ICN	CDG2E	11:30	16:10	0	11:40	772
4.	KE 901	R8 A8 J9 C9 D9 I9 Z9 Y9 B9 M9 H9 E9 K9 Q9 T9 G9	ICN	CDG2E	13:20	18:20	0	12:00	77W
5.	KE:AF 261	P2 F2 J9 C9 D9 I9 Z9 O1 Y9 B9 M9 U9 K9 H9 L9 Q9 T2 GR	ICN	CDG2E	13:20	18:20	0	12:00	77W

※ 참고 – 원하는 항목을 선택하고 검색 키를 클릭한다.

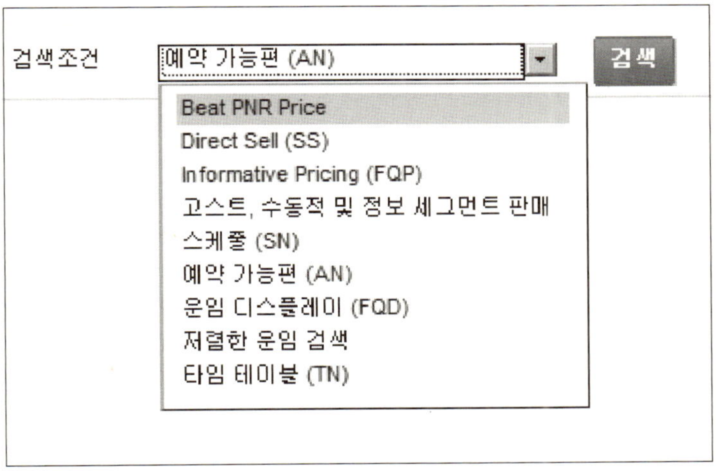

■ SCHEDULE 조회64

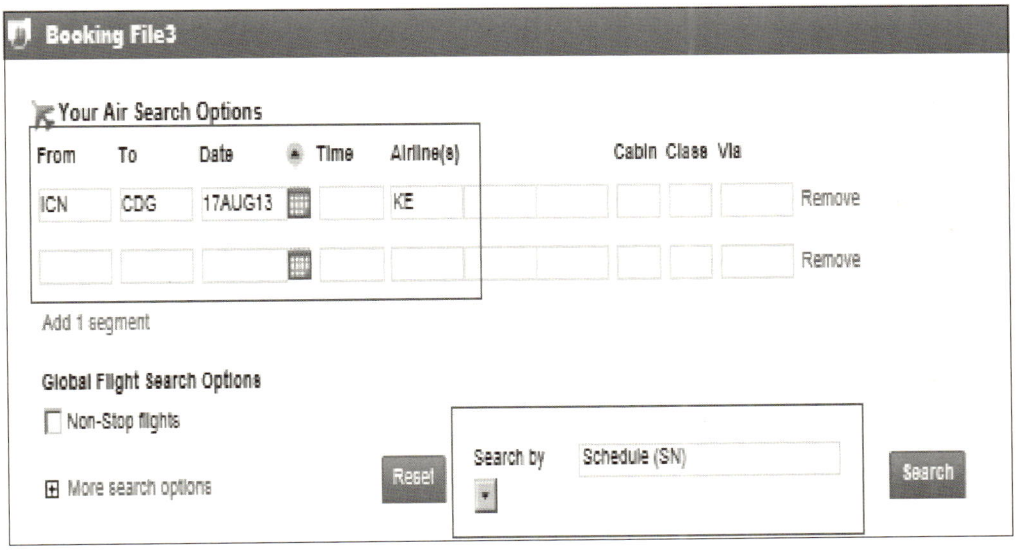

① SELPAR 구간 8월 17일 KE의 스케줄 조회

② Schedule(SN) 선택

③ 입력한 조건에 알맞은 결과 DISPLAY

■ TIME TABLE 조회64

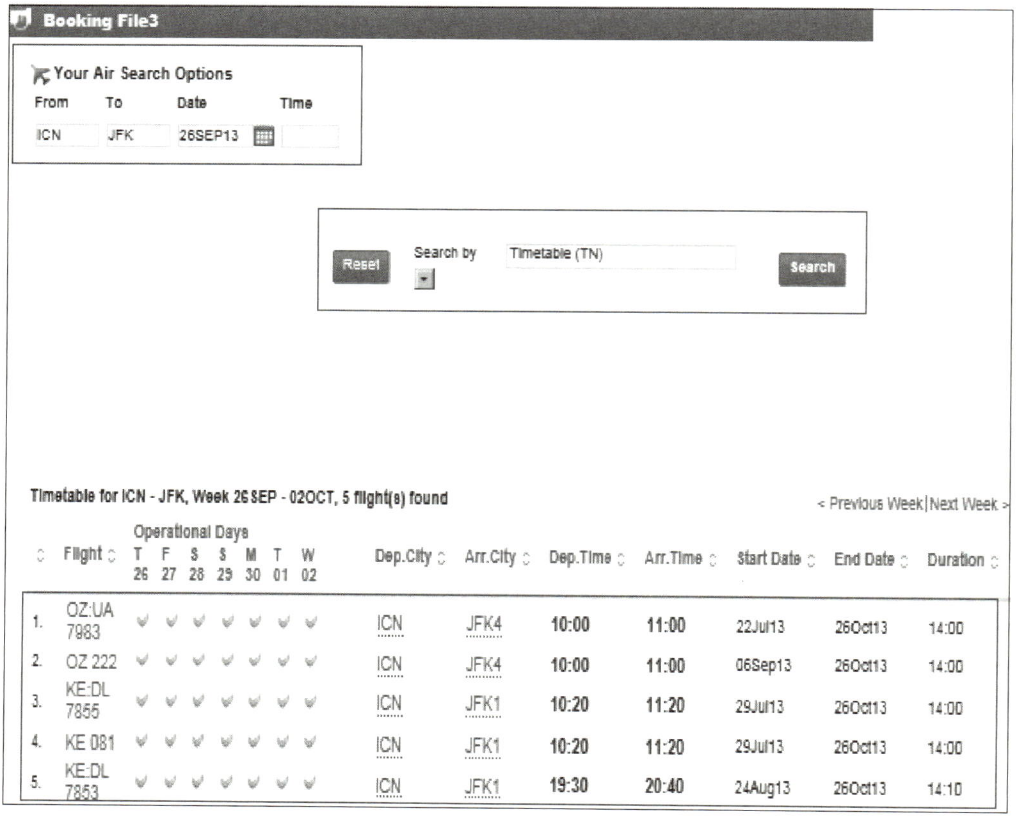

	Flight	T 26	F 27	S 28	S 29	M 30	T 01	W 02	Dep.City	Arr.City	Dep.Time	Arr.Time	Start Date	End Date	Duration
1.	OZ:UA 7983	✓	✓	✓	✓	✓	✓	✓	ICN	JFK4	10:00	11:00	22Jul13	26Oct13	14:00
2.	OZ 222	✓	✓	✓	✓	✓	✓	✓	ICN	JFK4	10:00	11:00	06Sep13	26Oct13	14:00
3.	KE:DL 7855	✓	✓	✓	✓	✓	✓	✓	ICN	JFK1	10:20	11:20	29Jul13	26Oct13	14:00
4.	KE 081	✓	✓	✓	✓	✓	✓	✓	ICN	JFK1	10:20	11:20	29Jul13	26Oct13	14:00
5.	KE:DL 7853	✓	✓	✓	✓	✓	✓	✓	ICN	JFK1	19:30	20:40	24Aug13	26Oct13	14:10

① SELJFK 구간 선택

② Timetable(TN) 선택

③ 입력한 조건에 알맞은 결과 DISPLAY(√ : 운항하는 요일, X : 미운항 요일)

5 성명입력

■ 초기화면

- GUI 화면 상단에 새 예약파일을 클릭하면 아래의 예약만들기 초기 화면이 생성된다.
- PNR의 기본 요소를 입력하는 항목이 나타난다.

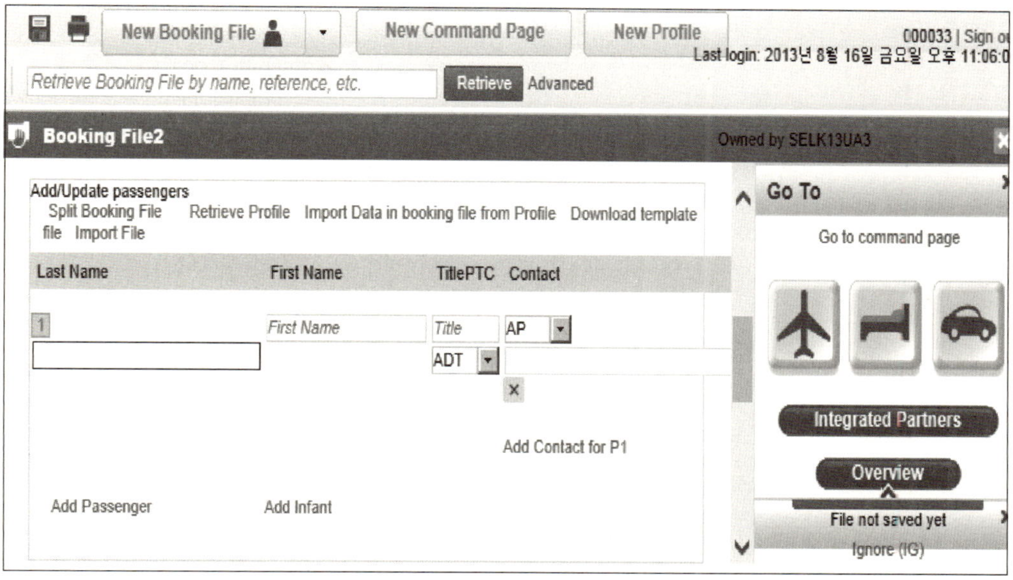

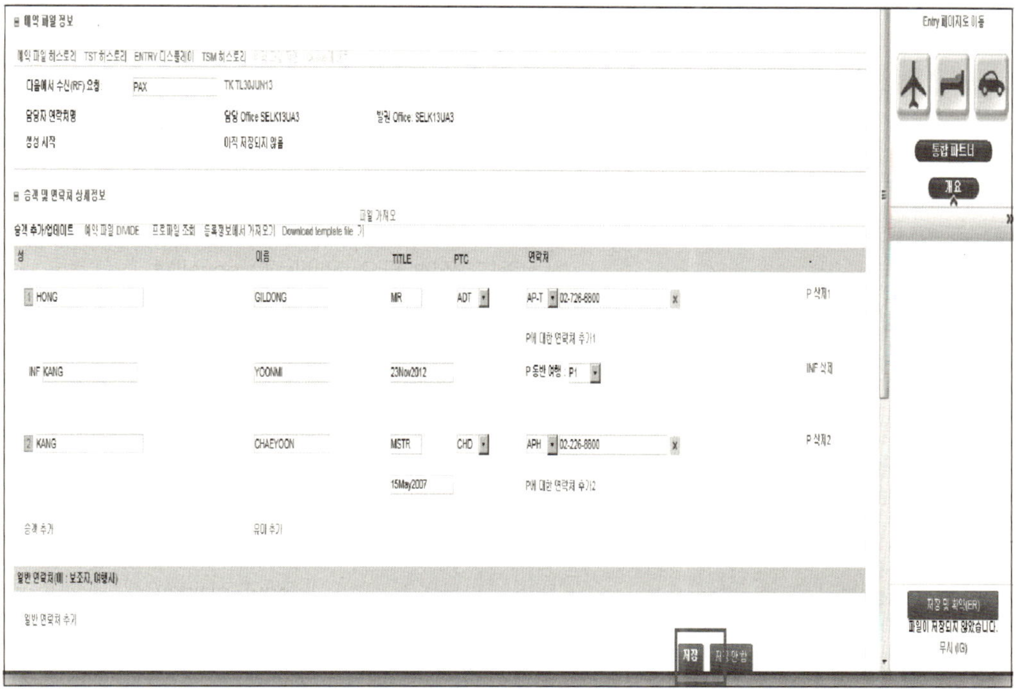

- 승객 이름(성), 이름, TITLE, 승객 타입(ADT, CHD 등), 연락처 입력 후 하단 저장 버튼을 클릭하면 화면이 아래와 같이 전환된다.

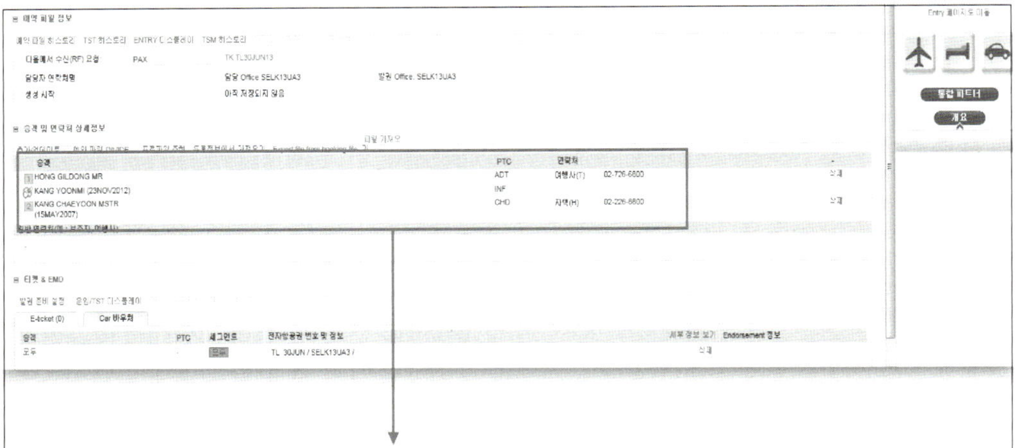

입력한 승객 이름과 연락처 등이 한 줄에 보인다.

입력 한 승객명과 연락처 등이 한 줄에 보인다.

6 PNR의 완료 및 조회

1) PNR 작성의 완료

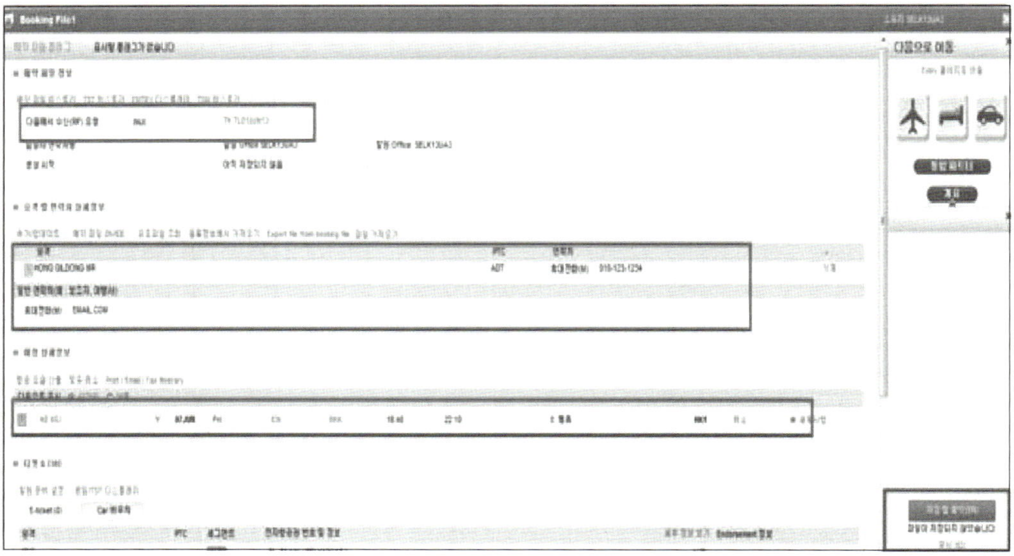

Booking File 화면에서 PNR의 기본 정보 입력 후 Booking File 화면의 오른쪽 하단에 있는 저장 및 확약(ER)을 클릭한다. (두 번 클릭한다.)

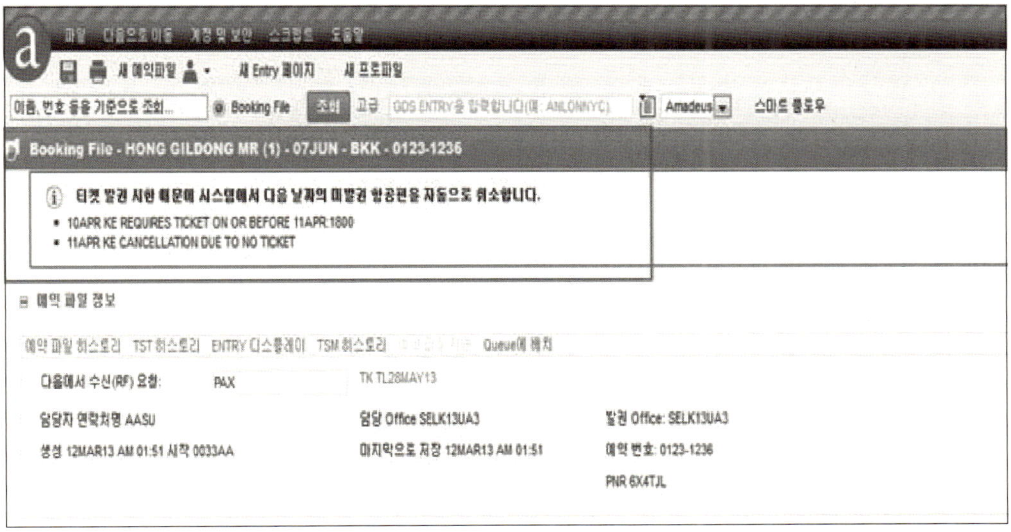

PNR 생성 후 Booking File 화면 상단에 첫 번째 승객 이름(예약 승객 수), 첫 번째 여정의 출발일자 - 첫 번째 여정의 도착지 - 예약번호(0123-1236) 순서가 나타난다.

2) PNR 조회

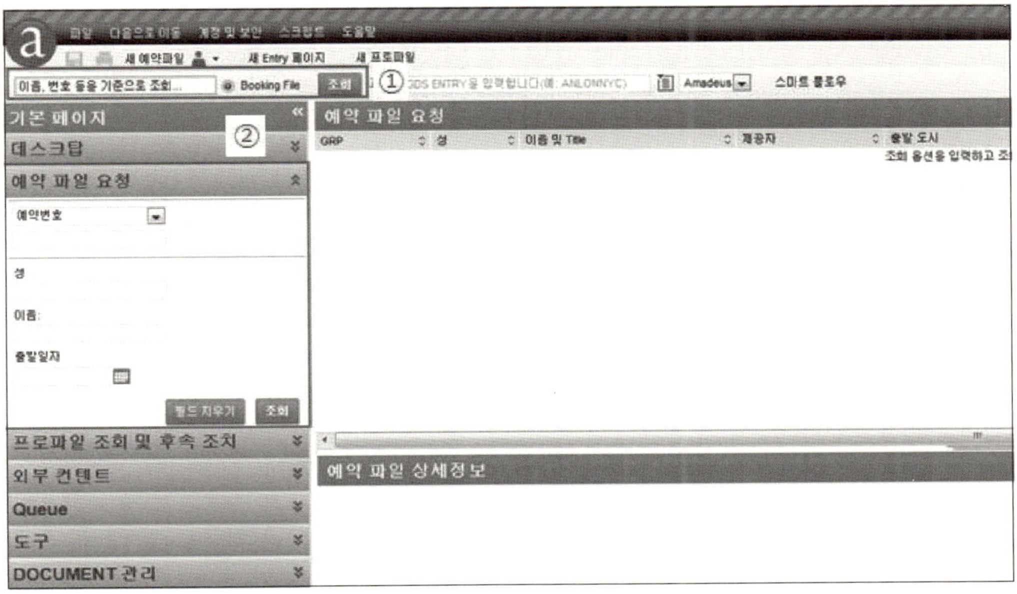

① 기본 페이지 상단의 Booking File을 클릭하고 왼쪽 빈 BOX에 예약번호나 이름 등을 입력한 후 조회 키를 클릭하면 Booking File이 Display된다.

② 또는 아코디언 메뉴의 예약 파일 요청에서 예약번호를 입력한 후 조회를 클릭하거나 이름, 출발날짜를 입력한 후 조회를 클릭하면 Booking File이 Display된다.

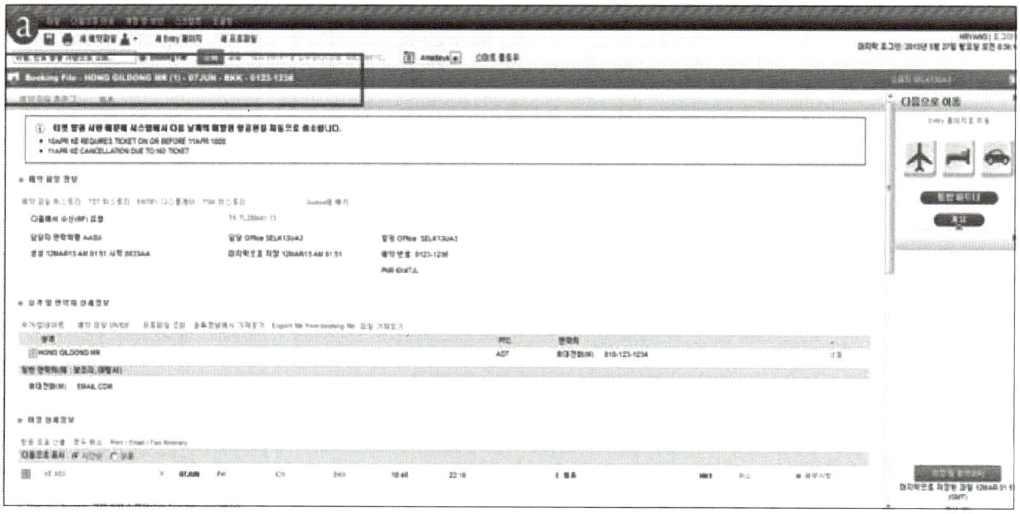

7 SPLITTING PNRs

OVERVIEW 화면에서 Passenger and Contact Detail 항목에서 Split Booking File 메뉴를 찾는다. Split Booking File을 클릭하면 아래와 같은 창이 DISPLAY된다.

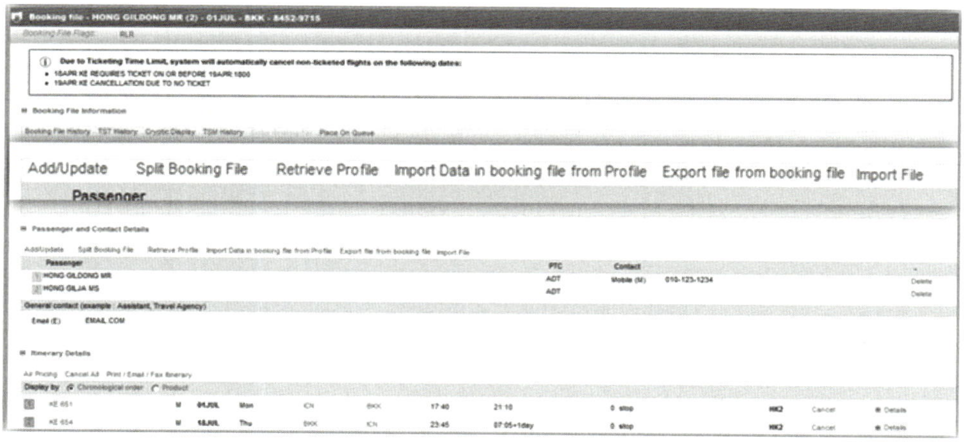

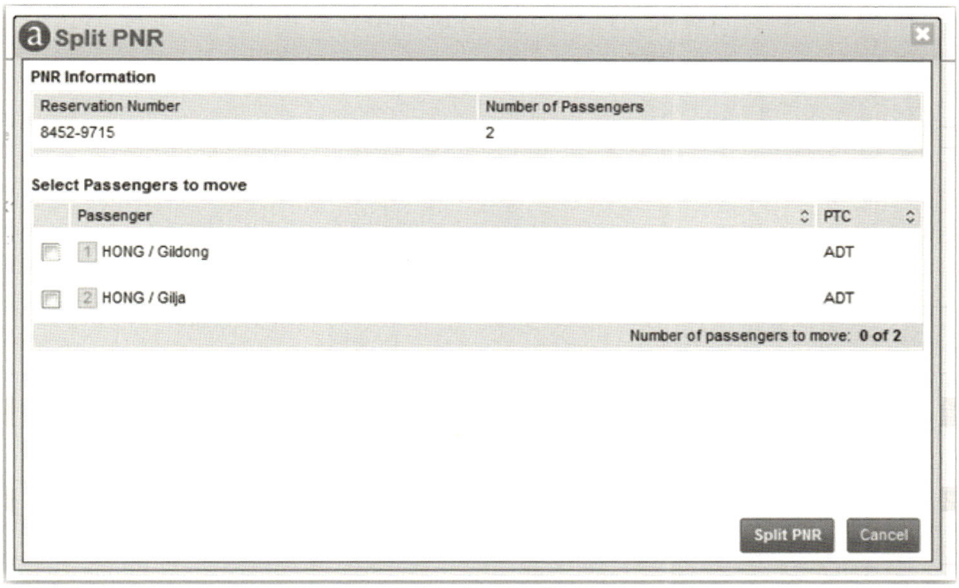

Split하고자 하는 승객을 지정하고 Split PNR을 클릭한다.

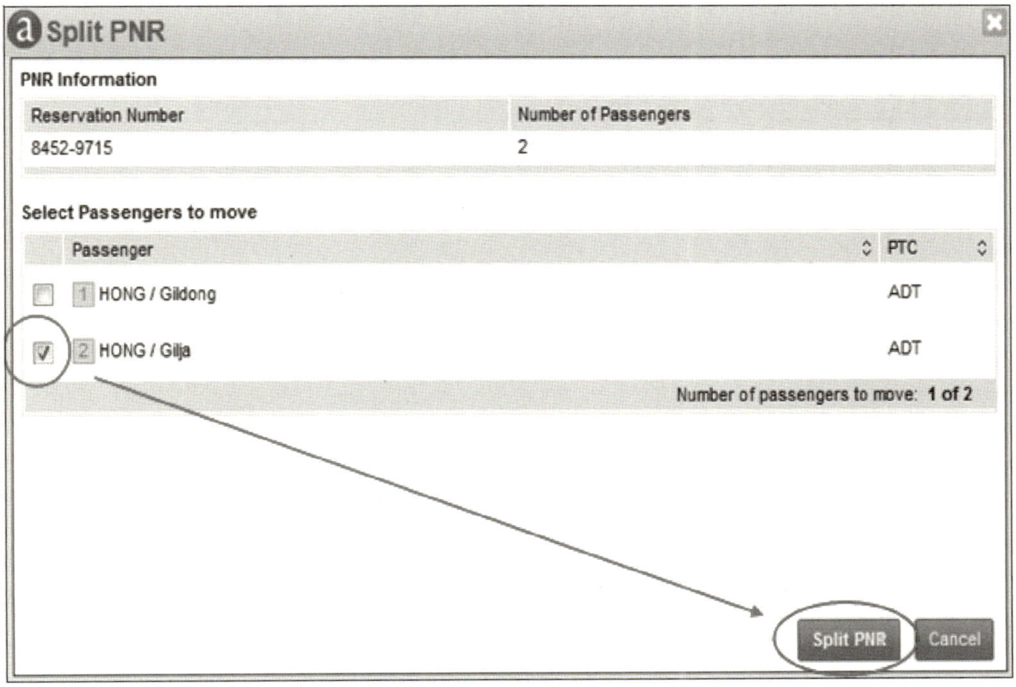

아래와 같이 새로운 Booking File 창이 DISPLAY된다.

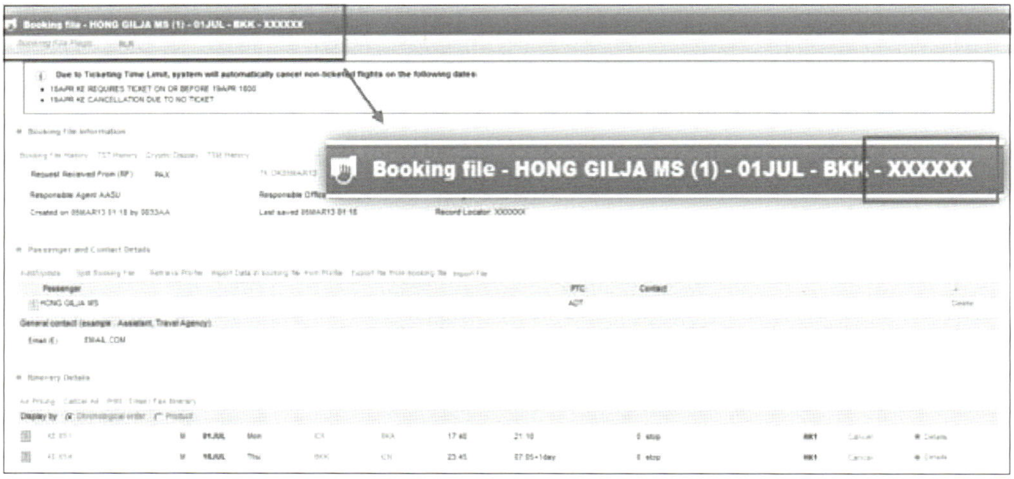

Split되는 PNR은 작업이 완료되지 않아 PNR번호가 생성되지 않았으므로 ××××××로 Booking File 상단에 나타난다.

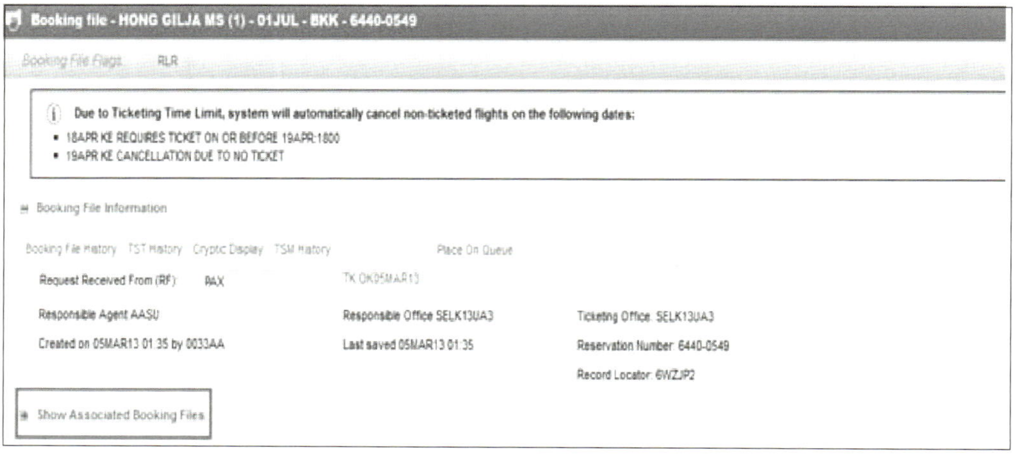

- Booking File 화면에서는 일반 예약 변경하는 과정으로 동일하게 진행한다. 오른쪽 화면 상단 비행기 클릭 → 예약가능편에서 원하는 날짜로 예약 변경 → 개요 화면 이동저장 및 확약 클릭
- PNR이 완성되었고 Booking File Information 내에 Show Associated Booking Files라는 메뉴가 생긴다.

- Show Associated Booking Files를 클릭하면 Associated PNRs이 확인 가능하다.

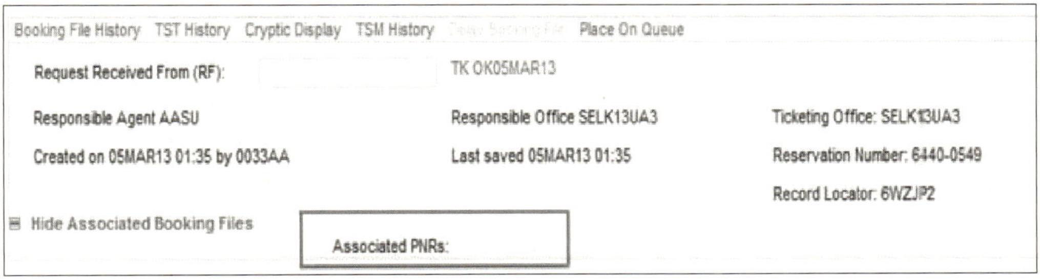

8 GROUP BOOKING

Amadeus Main 화면 상단 파일 클릭 → 새 그룹 예약 파일 클릭 → 승객 선택

Create Group Booking File 창에서 그룹명과 총 구성원 수를 입력하고 생성 클릭

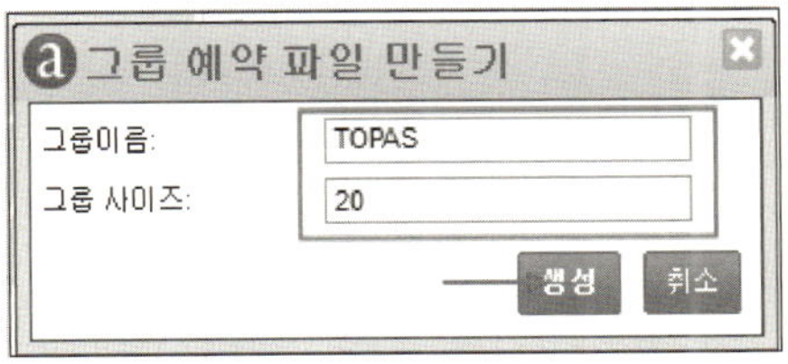

Booking File 화면이 DISPLAY되고 입력한 그룹명과 구성원 수가 업데이트되었다.

Add a Contact를 클릭하고 추가 전화번호를 빈칸을 입력한 후 저장(Save)을 클릭한다.

Air 화면에서 AN이 DISPLAY된 상태에서 하단 "옵션 있는 예약" 클릭창이 DISPLAY되면 Class, 좌석 수와 Booking Action Code를 SG로 입력하고 "예약"을 클릭한다.

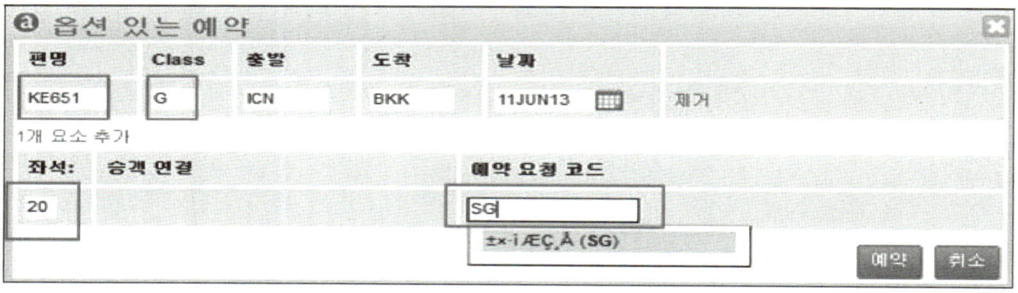

복편도 동일한 방법으로 예약하면 오른쪽 여정 메뉴에서 확인할 수 있다.
여정 위의 개요를 클릭하고 그래픽모드로 이동하여 필수 항목을 입력한다.

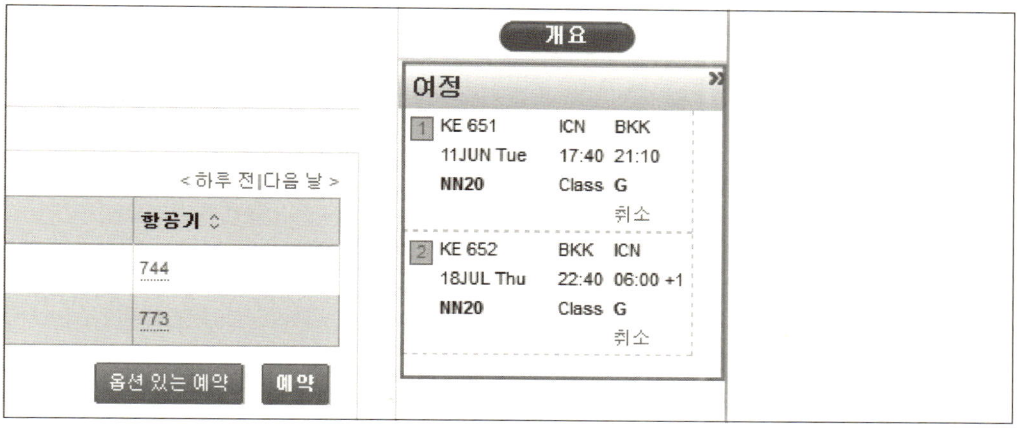

RF 항목과 Ticketing Arrangement를 입력한다.

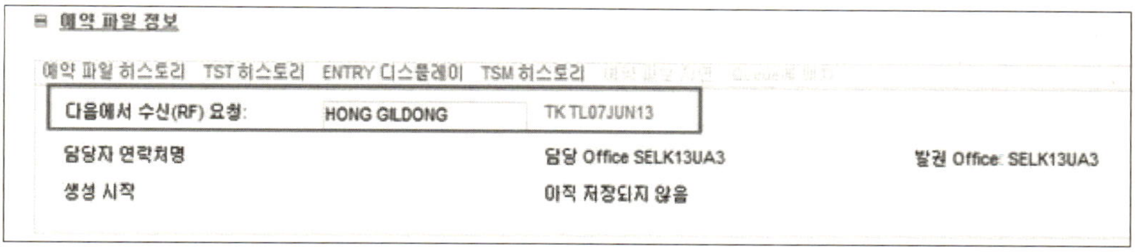

Booking File 하단의 "다음으로 무엇을 하시겠습니까?"에서 "좌석 및 특별 서비스(SSR) 추가"를 클릭한다.

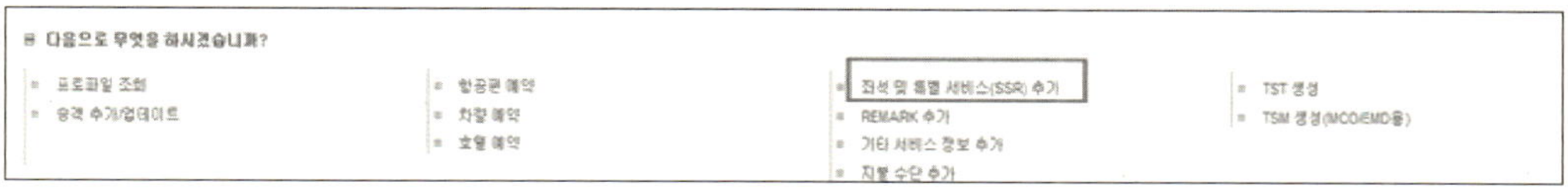

왼쪽 상단 서비스 항목 중 "MIS" 선택 → 오른쪽 상단 "구간 연계"에서 "모두 선택" 클릭 후 닫기를 클릭한다.

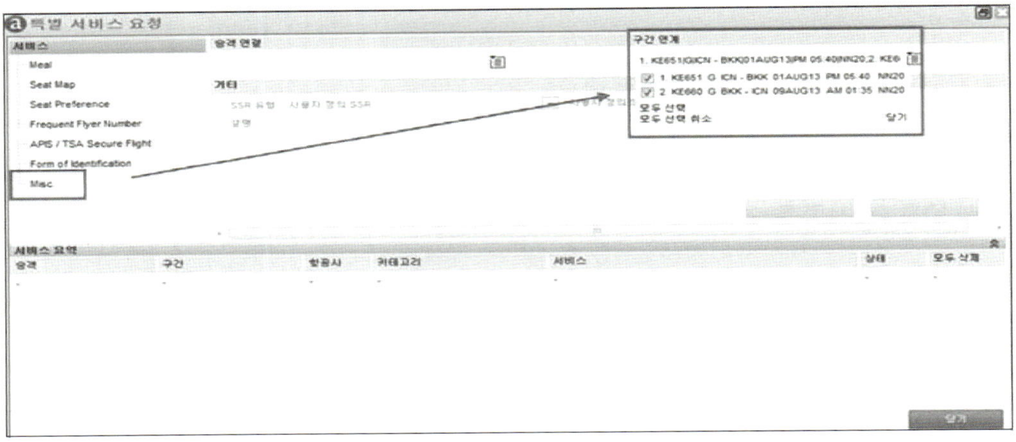

기타에서 SSR 유형을 "사용자 정의 SSR"로 선택 후 사용자 정의 SSR 항목에 "GRPF"로 입력한다. 설명 부분에는 GROUP 가격을 입력한다.

"KE-GV10 ICN/BKK/ICN KRW500000" 입력 후 SSR 추가를 클릭한다.

서비스 요약에 입력된 내용이 업데이트되고 화면 하단의 닫기를 클릭한다.

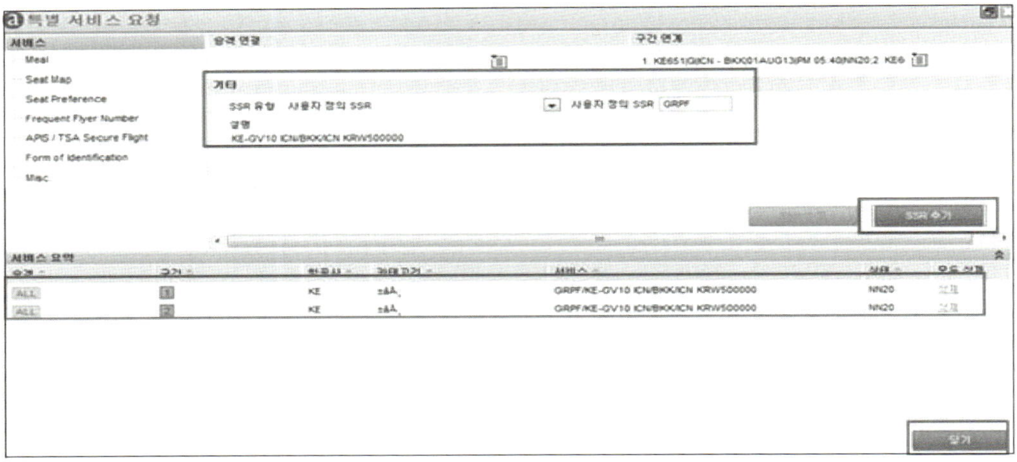

화면 하단의 저장 및 확약(ER)을 클릭하면 화면 상단에서 GROUP 예약번호를 확인할 수 있다.

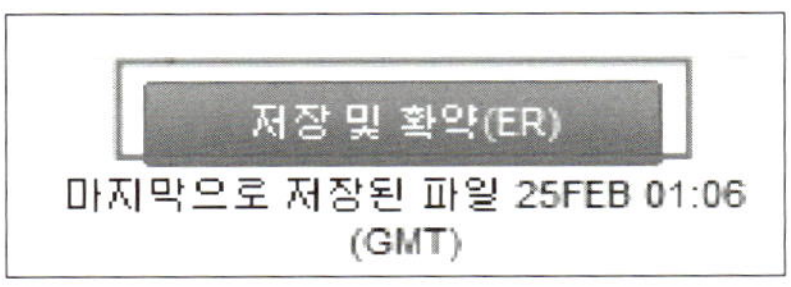

9 프로파일 생성

기본 페이지의 화면 상단에 파일을 클릭하고 "새 프로파일"을 선택한 후 "승객"을 클릭

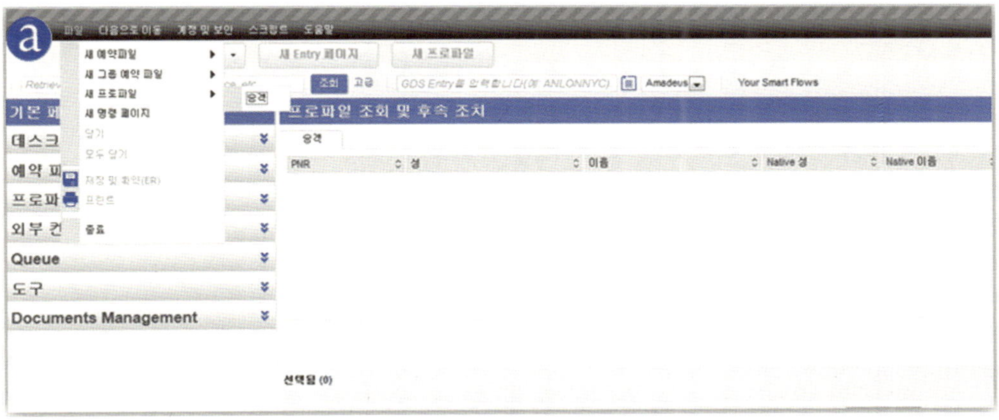

새 프로파일이 오픈되고 각 항목에 내용을 입력한다.

일반 정보에는 승객의 로마자 이름, 본인 사용 언어에 맞는 Native 이름을 입력한다. 생년월일, 성별, 국적, 언어 등을 입력한다.

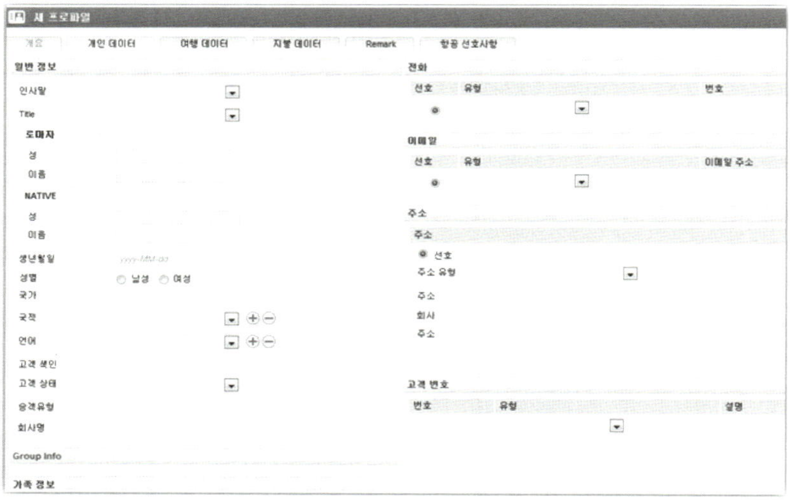

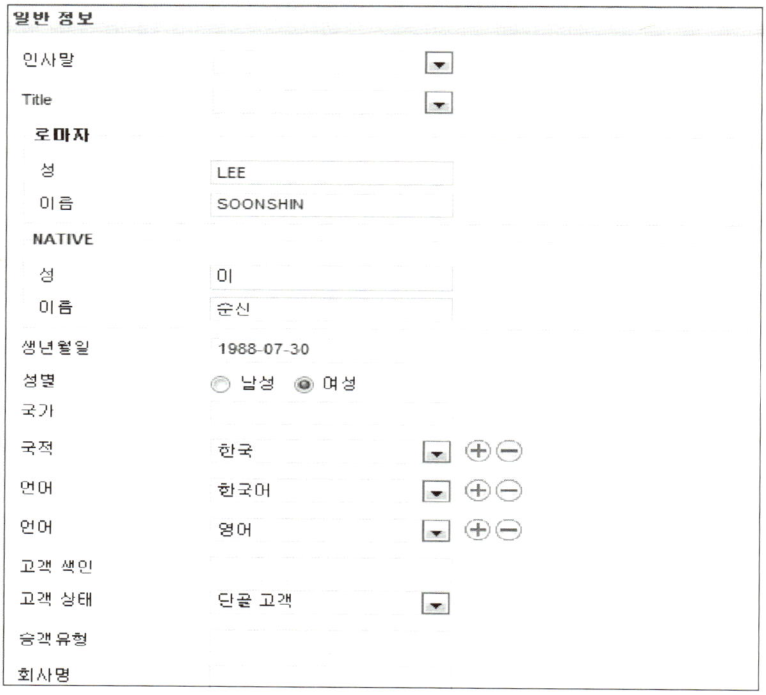

가족 정보, 여행사 정보를 입력한다.

선호 전화번호, 이메일, 주소를 입력한다.

각 항목을 입력한 후 화면 상단의 디스켓(저장) 모양을 클릭하면 “프로파일 번호와 함께 업데이트/생성되었습니다”라는 창이 열린다.

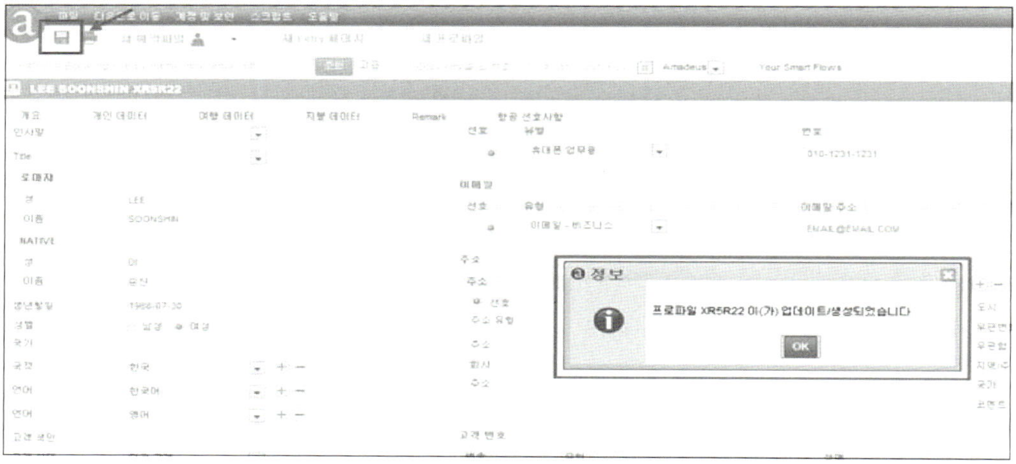

기본 페이지의 아코디언 메뉴에서 프로파일 조회 및 후속 조치를 클릭한다.

성과 이름을 입력한 후 하단의 조회 키를 누르면 오른쪽 화면에 해당 승객 이름의 DATA가 조회된다.

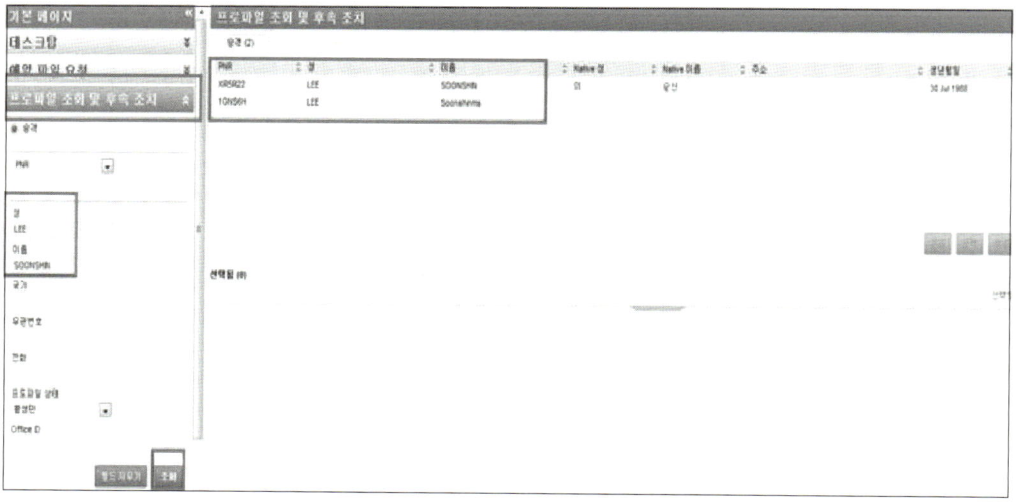

조회된 List에서 원하는 승객을 지정하면 하단에 프로파일에 입력된 내용을 볼 수 있으며, 열기 키를 누르면 해당 승객의 프로파일 화면으로 이동한다.

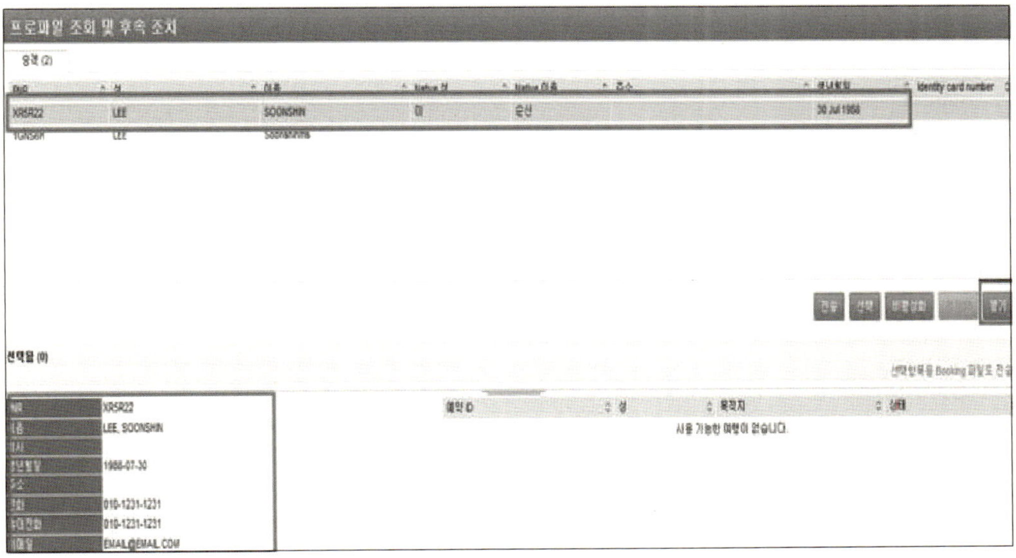

해당 DATA를 이용하여 PNR을 생성하고자 할 경우 전송키를 누르면 전송 유형 선택 창이 나타나면서 원하는 유형을 선택할 수 있다.

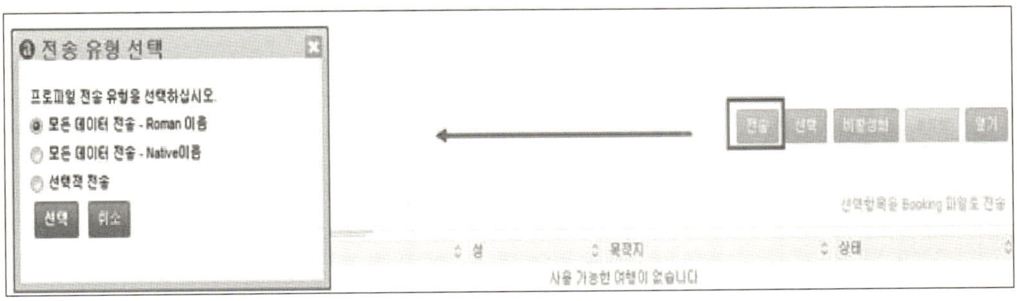

승객의 DATA가 Booking File에 전송되어 예약을 생성할 수 있는 화면이 열리고 나머지 예약에 필요한 기본 DATA를 입력한 후 최종 예약을 완성한다.

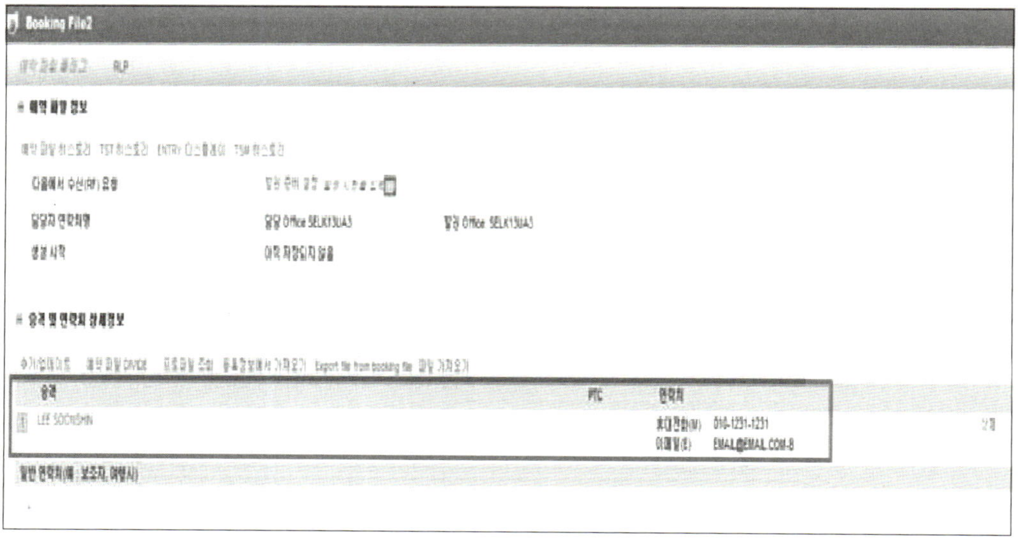

10 QUEUE

1) 'Folder' 와 유사한 개념으로 main page의 아코디언 메뉴에서 queue list 조회가 가능하다.

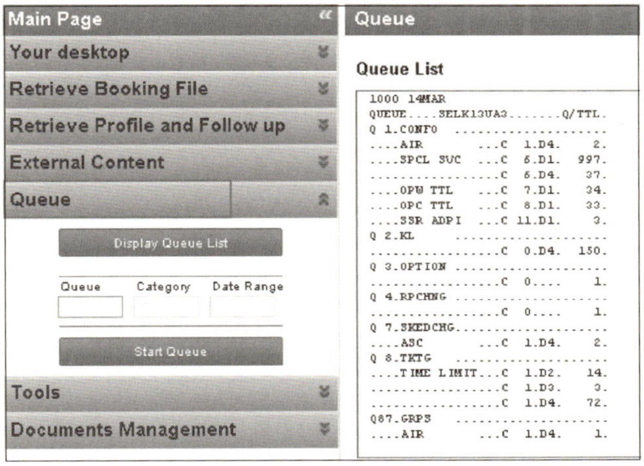

- Queue(16개 Mandatory – 70개 Max)
- Category(각 Queue마다 250개)
- Date range(4개까지 설정 가능)

  D1: today + 2일, D2: today + 5일, D3: today + 8일, D4: date range 3 onward

2) Queue list에서 booking file을 retrieval하면 header에 'QM' 보임

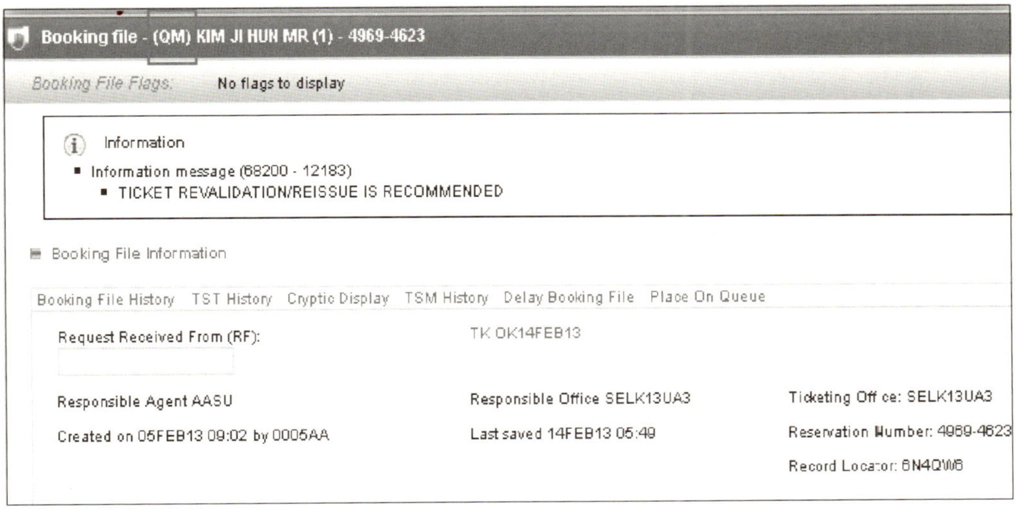

3) overview의 ER하게 되면 아래와 같은 창이 뜸

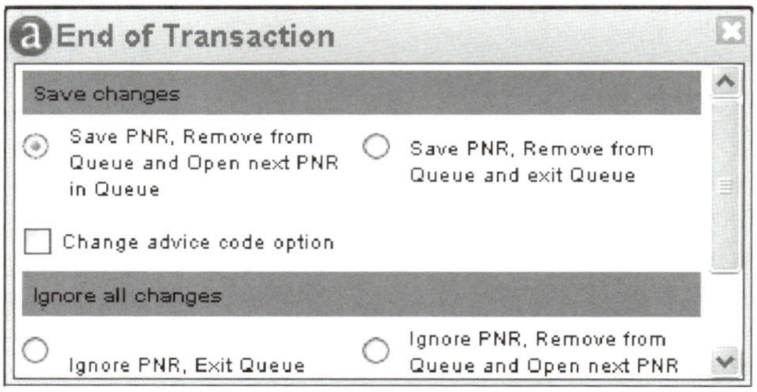

4) overview의 Ignore하게 되면 아래와 같은 warning message 표출

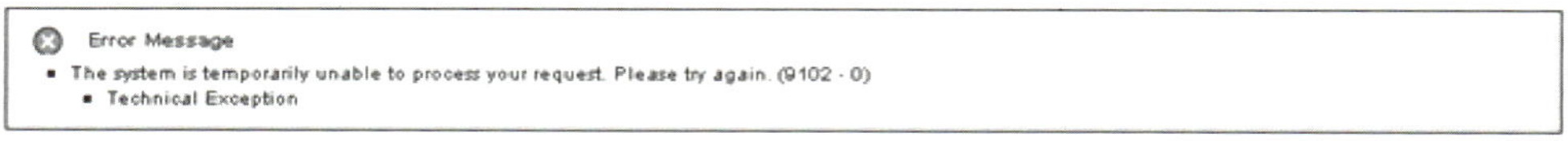

따라서 booking file ignore하려면 하기 창에서 실행해야 한다.

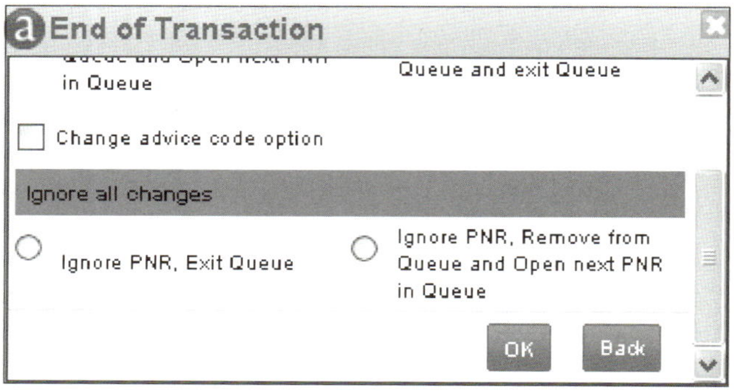

5) PNR을 queue로 보내고 싶은 경우

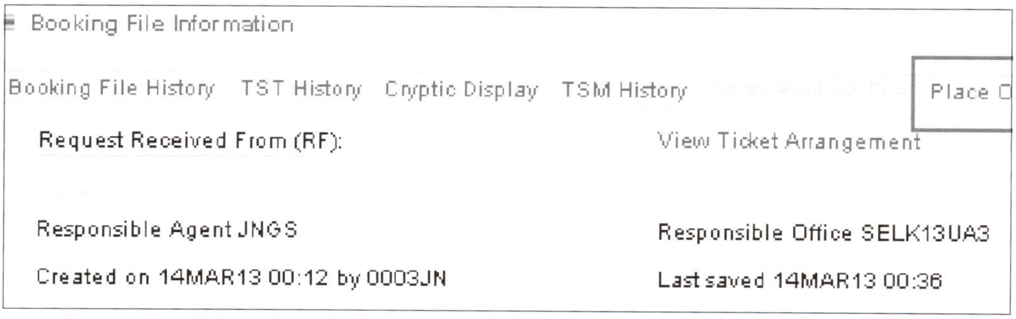

6) 아래 창에서 Queue, Category, nickname, date 등 지정에서 PNR을 queue로 발송

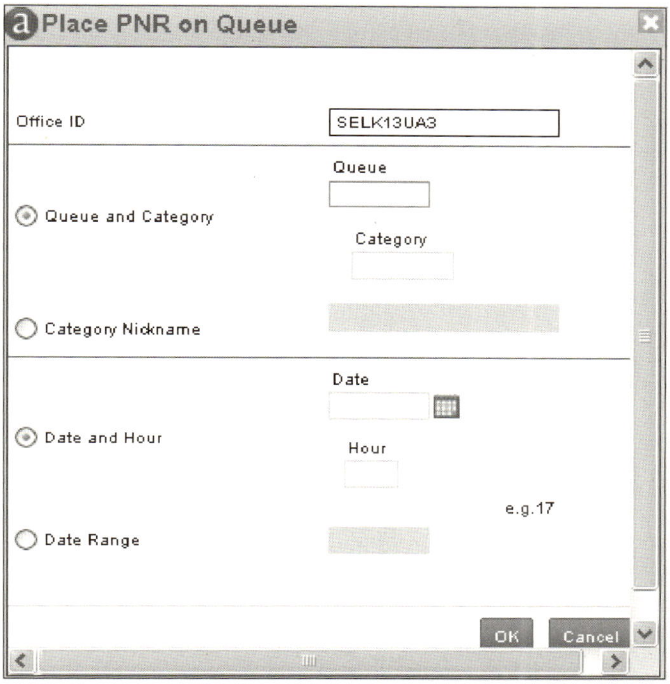

7) PNR 작업 중단하고, 나중에 추가 작업을 하는 경우(PNR을 delayed queue로 발송)

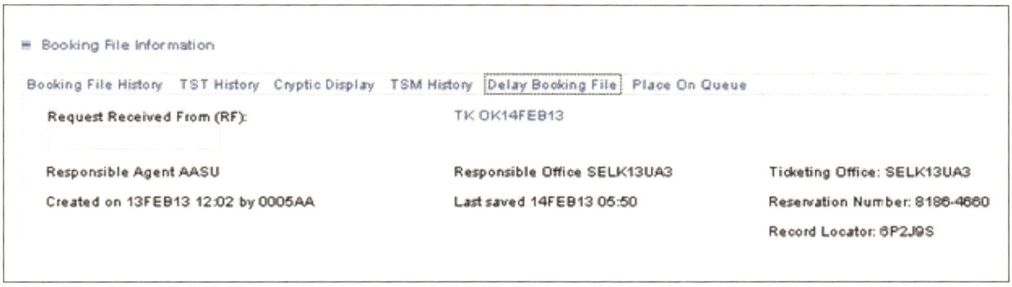

√. Delay된 PNR에 대한 LIST는 GUI에서 조회불가(2014년도 적용 예정)
현재 QUEUE LIST는 오늘 기준으로 조회된다.

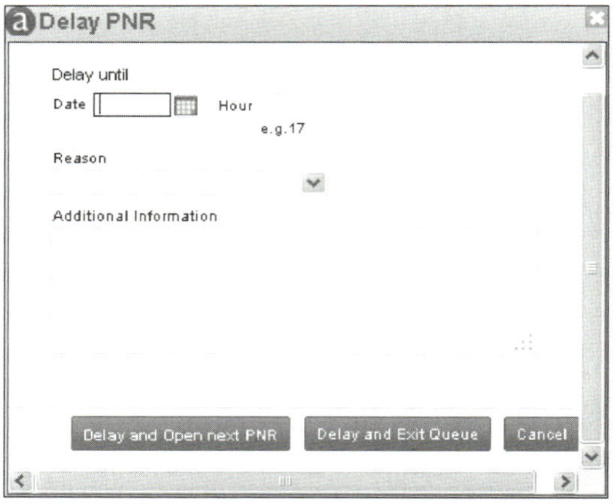

11 사전좌석배정

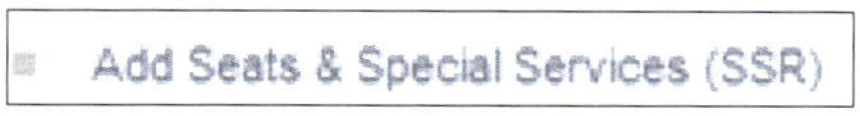

☞ Booking File 하단의 "What do you want to do next?" 내의 "Add Seats & Special Services(SSR)"을 클릭한다. Special Services Request 창에서 Seat Map을 클릭하면 기내 좌석배치도를 볼 수 있다.

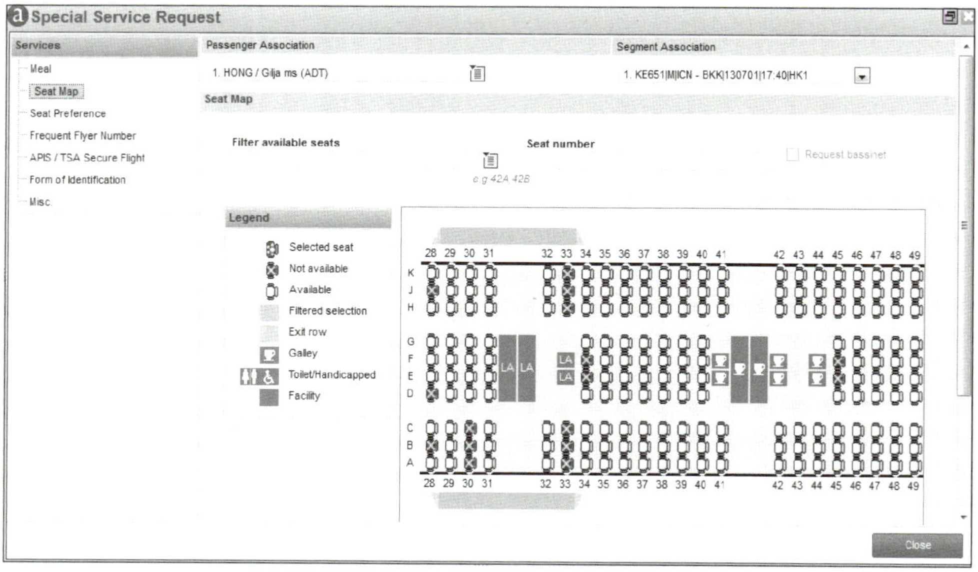

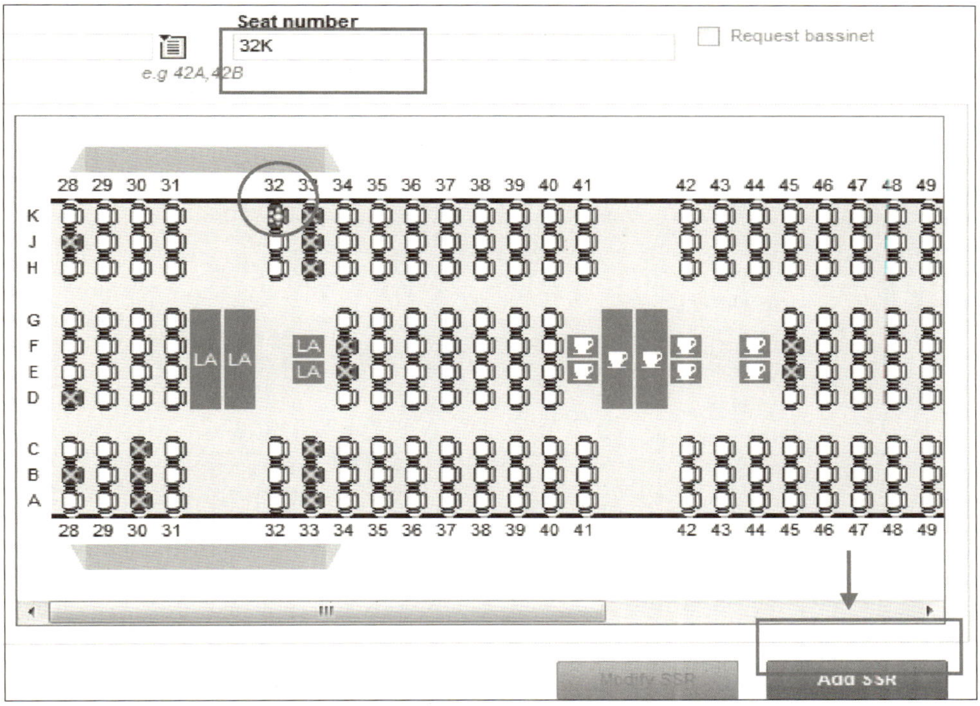

필터 메뉴를 통해 원하는 좌석배치도를 선택할 수도 있고, 기내의 좌석을 클릭하면 Seat Number 부분에 좌석번호가 선택된다.(예 : 32K)

화면 하단의 Add SSR을 클릭하면 Booking File에 업데이트된다.

■ Booking File에 업데이트된 화면

Special Services Requests (SSRs)

Add Special Service Create TSM Import Data in booking file from Profile Export file from booking file Import File

Passenger	Segment	Carrier	Category	Service	Status	Modify	Delete All
1 HONG / Gilja	1	KE	Seat Map	RQST/ICNBKK/32K	HK1	Modify	Delete

Export file from booking file Import File

Category	Service	Status
Seat Map	RQST/ICNBKK/32K	HK1

Special Services Request 창을 Close하면 Booking File 창이 SPLAY되면서 Special Services Request 메뉴가 생기고 요청내용이 업데이트된다.

APPENDIX

■ 주요 도시코드

TYO	TOKYO	ANC	ANCHORAGE
OSA	OSAKA	ATL	ATLANTA
FUK	FUKUOKA	BOS	BOSTON
KOJ	KAGOSHIMA	CHI	CHICAGO
KIJ	NIIGATA	DTT	DETROIT
SPK	SAPPORO	DFW	DALLAS FORT WORTH
NGO	NAGOYA	HOU	HOUSTON
OIT	OITA	HNL	HONOLULU
BKK	BANGKOK	NYC	NEW YORK
GUM	GUAM	LAX	LOS ANGELES
HKG	HONGKONG	MIA	MIAMI
JKT	JAKARTA	PDX	POTLAND
KUL	KUALALUMPUR	SEA	SEATTLE
MNL	MANILA	SFO	SANFRANCISCO
SGN	HO CHI MINH CITY	YVR	VANCOUVER
SHA	SHANGHAI	YTO	TORONTO
AKL	AUCKLAND	WAS	WASHINGTON
SYD	SYDNEY	SAO	SAO PAULO
SIN	SINGAPORE	MEX	MEXICO CITY
TPE	TAIPEI	AMS	AMSTERDAM
BJS	BEIJING	BAH	BAHRAIN
CAI	CAIRO	PAR	PARIS
ROM	ROME	FRA	FRANKFURT
JED	JEDDAH	LON	LONDON
MOW	MOSCOW	ZRH	ZURICH

■ 국내 도시코드

CODE	CITY	CODE	CITY
CJJ	CHEONGJU	PUS	BUSAN
CJU	JEJU	RSU	YEOSU
HIN	JINJU	SEL	SEOUL
KAG	GANGNEUNG	SHO	SOKCHO
KPO	POHANG	TAE	DAEGU
KUV	GUNSAN	USN	ULSAN
KWJ	GWANGJU	YEC	YECHEON
MPK	MOKPO	YNY	YANGYANG

■ 중국 내 도시코드

CODE	CITY	CODE	CITY
BJS	BEIJING	NKG	NANJING
CAN	GUANGZHOU	SHA	SHANGHAI
CGQ	CHANGCHUN	SHE	SHENYANG
CKG	CHONQING	SIA	XIAN
CTU	CHENGDU	SYX	SANYA
DDG	DANDONG	SZV	SUZHOU
DLC	DALIAN	TAO	QINGDAO
HGH	HANGZHOU	TSN	TIANJIN
HRB	HARBIN	WUH	WUHAN
KMG	KUNMING	YNJ	YANJI
KWL	GUILIN	YNT	YANTAI

■ 주요 휴양지 코드

몰디브	MLE MALE	사모아	APW APIA
발리	DSP DENPARSAR	솔로몬 군도	HIR HONIARA
보라카이	KLO KALIGO	피지	NAN NANDI

※ 섬 이름이 아닌 해당 섬의 도시 이름으로 조회를 해야 한다.

■ 동일 도시 내의 복수 공항 코드

```
NYC ---------    JFK   JONH F KENNEDY AIRPORT OF NYC
                 EWR   NEWARK AIRPORT OF NYC
                 LGA   LA GUARDIA AIRPORT OF NYC
PAR ---------    CDG   CHARLES DE GAULLE AIRPORT OF PAR
                 ORY   ORLY AIRPORT OF PAR
LON ---------    LHR   HEATHPOW AIRPORT OF LON
                 LGW   GATWICK AIRPORT OF LON
OSA ---------    ITM   ITAMI AIRPORT OF OSA
                 KIX   KANSAI INTL AIRPORT OF OSA
TYO ---------    NRT   NARITA AIRPORT OF TYO
                 HND   HANEDA AIRPORT OF TYO
WAS ---------    DCA   RONALD REAGAN NTL AIRPORT OF WAS
                 IAD   DULLES AIRPORT OF WAW
```

도시코드로 등록, 사용되고 있는 City 코드로 항공사에서 주로 교육용(Training)이나 기타 업무용으로 사용하고 있다.

CODE	CITY(국내 OFF LINE)	CODE	CITY(PSEUDO CITY)
QTW	DAEJEON	QSE	PSEUDO SEL
QYK	GOYANG	QLA	PSEUDO LAX
QMS	MASAN	QTY	PSEUDO TYO
QJP	BUCHEON	QNY	PSEUDO NYC
QDY	ANDONG	QHK	PSEUDO HKG
QYA	ANYANG	QHE	PSEUDO SHE
QUJ	UIJEONGBU	QFT	PSEUDO FR SKYPASS
QUN	CHUNCHEON	QQB	PSVNS CNTRL

■ 주요 항공사 코드

AA	AMERICAN AIRLINES	KL	KLM-ROYAL DUTCH A.L
AC	AIR CANADA	LH	LUFTHANSA GERMAN A.L
AF	AIR FRANCE	MH	MALAYSIA AIRLINE SYSTEM
BA	BRITISH AIRWAYS	NH	ALL NIPPON AIRWAYS
CA	AIR CHINA	NW	NORTHWEST AIRLINES
CO	CONTINENTAL AIRLINES	NZ	AIR NEW ZEALAND
CX	CATHAY PACIFIC	OZ	ASIANA AIRLINES
DL	DELTA AIRLINES	PR	PHILIPPINE AIRLINES
GA	GARUDA INDONESIA	QF	QUNTAS AIRWAYS
JD	JAPAN AIR SYSTEM	SQ	SINGAPORE AIRLINES
JL	JAPAN AIRLINES	TG	THAI AIRWAYS INTL
KE	KOREAN AIR	VP	VASP BRAZILIAN A.L

■ ICAO Phonetic Alphabet

LETTER	PHONETIC ALPHABET	LETTER	PHONETIC ALPHABET
A	ALPHA	N	NOVEMBER
B	BRAVO	O	OSCAR
C	CHARLIE	P	PAPA
D	DELTA	Q	QUEBEC
E	ECHO	R	ROMEO
F	FATHER	S	SMILE
G	GOLF	T	TANGO
H	HOTEL	U	UNIFORM
I	INDIA	V	VICTORY
J	JULIET	W	WHISKY
K	KILO	X	X-RAY
L	LIMA	Y	YANKEE
M	MIKE	Z	ZULU

■ 예약 Entry 정리

항목	Function	Entry	AMADEUS Example
Availability	Neutral	AN	AN15MAYSELTYO
	Direct Link	1YY	1CXAD1SEPSELHKG
	Neutral → Direct Link	AN → ACL1	AN1SEPSELHKG->ACL1
SCHEDULE	SCHEDUL 조회	SN	SN10SEPSELTYO
	Flight Information	DO	DO2
Time Table	Time Table 조회	TN	TN10JULSELSFO
NAME	ADULT	NM1	NM1PARK/TESTMR
	CHILD	>NM1,(CHD)	NM1PARK/TESTMR(CHD)
	INFANT	>NM1,(INF)	NM1PARK/TEST(INFKIM/AGI)
	GROUP	>-NG	NG10TOPASPTY
SEGMENT SELL	2번 Seg C class 1명 예약	SS	SS1C2
	대기자 예약	SS1C1/PE	SS1C1/PE
	0 BOOKING(LONG ENTRY)	SS,NN	SSKE905M21APRICNFRANN1
	대기자 예약(LONG ENTRY)	SS,LL	SSKE905M21APRICNFRALL1
	GROUP 좌석 예약	SS,/SG	SS10G1/SG
	GROUP 대기자 예약	SS,/PG(SG)	SS10G1/PG
	Group 0 Booking	SS,SG(NN)	SSKE621G10JANICNHKGSG10
	Group 0 Booking-대기자	SS,PG(NN)	SSKE621G10JANICNHKGPG10
	OPEN-항공사, 편수, 날짜 미확정	SO	SOYYCICNLAX
	PASSIVE 예약	SS,PK(GK)	SSAF262YAPRSELCDGPK(GK)1
Phone	여행사 전화번호	AP,APA	AP 123-4567
			APA 123-4567
	FAX 번호	APF	APF 123-4567
	E-mail	APE	APE-BIT@TOPAS.NET
TKTL	TKTL 입력	TKOK	TKOK(TKTL 20JAN)
Segment	전여정 취소	XI	XI
Cancel,	일부 여정 취소	XE3	XE3
Change	2번 SEG 뒤에 4번 여정 삽입	RS2,4	RS2,4
	ARNK	ARNK	SI ARNK
EOT	End Of Transaction	ET	ET
	EOT and Redisplay	ER	ER
	Status 정리(KK, UC, NO, UN 등)	ETK/ERK	ETK/ERK

항목	Function	Entry	AMADEUS Example
Split	2번 승객 Divide	SP2->EF->ET	SP2->EF->ET
PNR Display	PNR 조회(K1)	RT	RT1234567
	현재 작업 중인 PNR 조회	RT	RT
	최종 작업 PNR 조회	*RR	*RR
	Ignore	IG	IG
	Ignore & Redisplay	IR	IR
	비행편, 날짜, 구간, 이름으로 조회	RTKE018/10JULIC NLAX-KIM/A	RTKE018/10JULICNLAX-KIM/A
FACT	OSI	OS	OS
	SSR	SR	SR
RMKS	General Rmks	RM	RM
RCVD	Received From 입력	RF	RF PSGR
MCT	MCT 조회	DM	DMHKG
PNR history	History 조회	RH	RH
Queue	PNR Q-ING	QE	QE CPHSK0101/80C0
Seat Map	예약 후 SEG 지정 조회	SM3	SM3
Seat Assign	3번 승객 SEG1 BULK HEAD	ST/WB/P3/S1	ST/WB/P3/S1
	1번 승객 34A에 배정	ST/34A/P1/S2	ST/34A/P1/S2
Skypass	조회	FFD	FFD SK-EBG11222
	Data Moving	FFA	FFA SK-EBG11222
	Mileage 번호 입력(OAL)	FFN	FFN SK-EBG11222
ETAS	ETA 요청	TIETAR/TAQ/TAH/TAC	TIETAR/TAQ/TAH/TAC
부대서비스	여정표 발송	IBP-EML	IBP-EML-BIT@TOPAS.NET
	FAX 발송	IBP-FAX	IBP-FAX-02-755-1380
	ITR 발송	ITR-EMLITR-FAX	ITR-EML-BIT@TOPAS.NETITR-FAX-02-755-1380
Sing In	A작업장 SINE-IN	JI	JIA0005M5/GS
	작업장 확인	JD	JD
	작업장 이동(C)	JMC	JMC
Sign Out	현재 작업장 SINE OUT	JO	JO
	전 작업장 SINE OUT	JO*	JO*
Decode	CITY	DAC	DAC LON
	AIRPORT	DAC	DAC LON
	STATE	DNS	DNS NYC
ENCOCDE	CITY	DAN	DAN LONDON
INFO PAGE	정보 조회	GO/GG	GO HEL/GGPCA

▌저자소개

이선미

경영학 박사(한국항공대학교)
한양여자대학교 항공과 겸임교수
(전) 인하공업전문대학 항공경영과 겸임조교수
TOPAS 교육강사 역임
IATA ATC 공인 강사

〈저서〉
최신항공 예약실무, 항공운임 발권실무, 항공운임 발권과 BSP 실무,
IATA 항공여행실무

항공 예약

2019년 8월 25일 초판 1쇄 인쇄
2019년 8월 30일 초판 1쇄 발행

지은이 이선미
펴낸이 진욱상
펴낸곳 (주)백산출판사
교　정 박시내
본문디자인 박채린
표지디자인 오정은

등　록 2017년 5월 29일 제406-2017-000058호
주　소 경기도 파주시 회동길 370(백산빌딩 3층)
전　화 02-914-1621(代)
팩　스 031-955-9911
이메일 edit@ibaeksan.kr
홈페이지 www.ibaeksan.kr

ISBN 979-11-90323-27-7　93550
값 17,000원